Walter Thieling

Der Hellenismus in Kleinafrika

Der griechische Kultureinfluss in den römischen Provinzen Nordwestafrikas

Walter Thieling

Der Hellenismus in Kleinafrika

Der griechische Kultureinfluss in den römischen Provinzen Nordwestafrikas

ISBN/EAN: 9783955644291

Auflage: 1

Erscheinungsjahr: 2013

Erscheinungsort: Bremen, Deutschland

@ EHV-History in Access Verlag GmbH, Fahrenheitstr. 1, 28359 Bremen. Alle Rechte beim Verlag und bei den jeweiligen Lizenzgebern.

DER HELLENISMUS
IN KLEINAFRIKA
DER GRIECHISCHE KULTUREINFLUSS IN DEN RÖMISCHEN PROVINZEN NORDWESTAFRIKAS

WALTER THIELING

III. DER GRIECHISCHE KULTUREINFLUSS NACH LITERARISCHEN QUELLEN.

Gleichzeitig und unmerklich läuft mit dem Wachsen der kleinafrikanischen Zivilisierung ein Kulturelement unter, welches die Physiognomie der afrikanischen Provinzen nicht zum wenigsten charakterisiert und beeinflußt hat: das Griechentum mit griechischer Kunst, griechischer Sprache und griechischen Gedanken. Mommsen betont zwar, daß nach Karthagos Zerstörung die Erbschaft der phönikischen Sprache nicht dem Griechischen zufiel, sondern dem Lateinischen.[1]) Doch trifft das nur äußerlich zu. Wir dürfen sogar in Kleinafrika von einer friedlichen Eroberung durch die Kultur des Hellenismus sprechen, welche in ihren Anfängen sich bereits in der punischen Zeit bemerkbar macht.

Die Berührungen Karthagos und der übrigen phönikischen Kolonien Kleinafrikas mit den Griechen gehen in frühe Zeit zurück. Weniger im östlichen Mittelmeere als vorzüglich auf Sizilien traten die Phöniker in bald feindliches, bald freundliches Verhältnis zum Griechentum der dorischen und ionischen Kolonien. Der Gang der politischen Schicksale Karthagos, an die sich diejenigen der Westphöniker überhaupt knüpften, hat uns bereits über diese Berührungen belehrt. Den immer enger werdenden Beziehungen[2]) und der zunehmenden Abhängigkeit von griechischer Kultur entspricht das Interesse, welches die Karthager dem griechischen Wesen entgegenbrachten. Es äußert sich dies deutlich schon in der Mitte des 5. Jahrhunderts

---

1) Mommsen, R. G. V³, S. 643.

2) Eine griechische Inschrift von Lilybäum (CIG 5496) berichtet, daß ein Punier Imilcho Inibalos, Sohn von Imilcho, der gleichzeitig den griechischen Beinamen Chlorus trägt, mit einem Griechen Lyso und dessen Nachkommen Gastfreundschaft schließt. Ob die Inschrift allerdings aus so früher Zeit stammt, läßt sich nicht feststellen. Nach Herodot VII 166 (vgl. E. Meyer, Gesch. d. Alt. III, S. 690) war die Gattin Hamilkars, des Feldherrn von Himera, Syrakusanerin.

durch die Einführung des Demeterkultes in Karthago.¹) Allenthalben läßt sich eine stetige Durchsickerung griechischer Elemente in das karthagische Reich verfolgen, welche am deutlichsten bei der Geschichte der punischen Kunst zutage treten wird. Während des letzten mit Dionys I. geführten Feldzuges (368/67) tritt zwar infolge der Entdeckung hochverräterischer Verbindungen eines Karthagers mit Syrakus ein starker Rückschlag gegen den bis dahin rückhaltlos gepflegten Hellenismus ein. Nach Justin²) soll nunmehr den Karthagern verboten worden sein, sich künftighin überhaupt mit griechischer Sprache zu befassen. Doch wird dieser Erlaß dem Eindringen der höheren Kultur auf die Dauer keinen Einhalt geboten haben. Der veränderten Weltlage entsprechend ist es nicht mehr auffallend, wenn im Ausgange des 4. Jahrhunderts bei Griechen, welche sich mit der karthagischen Verfassung beschäftigen³), die Karthager ganz aus dem Rahmen der üblichen Auffassung als Barbaren herausfallen.⁴) Allerdings liegt es nahe, weil Karthago eine der griechischen analog ausgeprägte Stadtverfassung besitzt. Aber nicht darin allein ist der Grund zu suchen. Infolge des lebhaften Verkehrs sind die Gegensätze abgeschwächt worden, und griechische Bildung dringt jetzt nach Karthago nicht durch Siziliens Vermittlung allein, sondern durch unmittelbare Beziehungen zu Griechenland.⁵) Daß schließlich auch dem seit Alexander hellenisierten syrischen Mutterlande des karthagischen Staates kein unwesentlicher Einfluß zuzuschreiben ist, liegt auf der Hand.⁶)

---

1) Diodor XIV 77 meldet, daß im J. 396 bereits viele angesehene Griechen in Karthago ansässig waren, und ihnen die Leitung des nach griechischer Art begangenen Demeterfestes anvertraut wurde.

2) Iustin. 20, 5, 10—13; Meltzer I, S. 312 f.

3) Aristoteles gibt in seiner Politik (1272 b 24—1273 b 24) eine vergleichende Ausführung über die karthagische Verfassung. Vielleicht hat er auch eine Spezialuntersuchung darüber geschrieben, Kluge, Ar. de pol. Carth. (Breslau 1824), fehlt bei V. Rose; Isocr. III 24; Meltzer II, S. 3.

4) Eratosth. bei Strabo I 4, 9 p. 66 Ende; Polyb. VI 51; Hippagoras bei Athen. XIV 27 p. 630 = FHG IV S. 430.

5) Diplomatische Beziehungen Karthagos zu Athen aus der Zeit von 310 (Agathokles) erwähnt das delische Priesterinventar, wo die karthagischen Gesandten Synalos und ˙odmilkar (IG II 255) genannt werden. Homolle, les archives de l'intendance sacrée à Délos (Paris 1887), S. 36 u. 39. — Von diplomatischen Verhandlungen Karthagos mit Perseus von Makedonien im J. 174 berichtet Livius XLI 22. — Einen Proxeniebeschluß ganz Böotiens für einen Karthager Noba, der vielleicht vor 146 als Gesandter nach Griechenland kam, hat ein Stein von Theben bewahrt (CIG 1565 = IG VII 2407) — Weitere Inschriften von Karthagern haben sich auf der bei Delos gelegenen Insel Rhenea gefunden: CIG II (add.) 2322b, 19 u. 20.

6) Meltzer I, S. 349.

Die römische Eroberung beeinträchtigt diesen Hellenisierungsprozeß zunächst in keiner Weise. Griechische Kaufleute und Kolonisten setzen sich im 2. vorchristlichen Jahrhundert in Numidien fest.[1]) Masinissa, der König von Numidien, läßt seine Söhne von Griechen erziehen und tritt mit Rhodos und Delos in Beziehungen. Für den delischen Apollotempel stiftet er Kränze[2]), und auf der Insel werden ihm auch Statuen errichtet.[3]) Zur Zeit des Augustus setzt Juba II. mit Bewußtsein die Tradition der numidischen Könige fort und trägt sie nach seiner neuen mauretanischen Residenz Caesarea, die er zu einer Pflegestätte von griechischem Luxus, griechischer Kunst und Literatur ausbildet.[4]) Juba II. war eine Persönlichkeit, in welcher sich die verschiedensten Kulturen des Altertums vereinten. Numidier von Geburt, durchdrungen von punischer Kultur, griechisch erzogen und durch seine Beziehungen zu Augustus sowie seinen Aufenthalt in Rom römischem Geiste zugetan, tritt er uns als wahrer Kosmopolit entgegen. Infolge seiner Heirat mit der 15jährigen Tochter der Kleopatra und des Antonius[5]) hat er sich auch dem hellenistisch-ägyptischen Einflusse nicht verschlossen. Gab er doch seinem von Selene ihm geschenkten Sohne den hellenistischen, bei der ägyptischen Dynastie traditionellen Namen Ptolemaeus. Nach dem Tode seiner Gattin begleitete Juba den jungen Gaius Caesar auf seinem Feldzuge nach Arabien und verheiratete sich mit Glaphyra, der Tochter des Kappadokierfürsten Archelaos.[6])

Juba II. liebte es, sich an seinem Hofe mit Griechen zu umgeben, er zog zahlreiche griechische Architekten, Künstler und Schau-

1) Strabo XVII 3, 13; Boissier, l'Afrique romaine S. 17.
2) BCH VI (1882), S. 10 Zeile 67; vgl. daselbst S. 74; de la Blanchère, de rege Iuba (1883), S. 30 f. — Der Name eines Karthagers im delischen Tempelinv. aus der Zeit zwischen 166 und 140 v. Chr.: BCH VI, S. 36.
3) BCH II (1878), S. 400; III (1879), S. 469; Monceaux, les Africains S. 81. — Daß auch die zwischen Afrika und Sizilien gelegene Insel Malta, welche zuerst unter phönikischem Kultureinfluß gestanden hatte, nach dem Rückgang der karthagischen Herrschaft sich mehr und mehr griechischer Kultur zuwandte, betont Mayr, die Insel Malta im Altertume (1909), S. 84 ff. 92 f. 96. 101 und 110 und spricht sich für die Vermittlung durch Sizilien aus.
4) Müller, FHG III 465 ff.; de la Blanchère a. a. O. mit älteren Literaturangaben; Monceaux, le musée de Cherchell, Rev. arch. 1895, II, S. 198—204; L. Bertrand, Cherchell, Rev. des Deux-Mondes 1905, S. 660—696.
5) Dio Cass. LI 15; Plut. Anton. 87; Eph. ep. I (1872), S. 276 ff. und IG III 549; de la Blanchère a. a. O. S. 93 ff.
6) Ihr erster Gatte war Alexander, der Sohn des Herodes, gewesen. Ioseph. Ant. Iud. XVII 13, 4; ders., bell. Iud. II 7, 4; de la Blanchère a. a. O. S. 98 f. Nach Iosephus (Ant. Iud. XVII 13, 4) starb Glaphyra im J. 7 n. Chr., nach anderer Überlieferung (vgl. Müller, FHG III S. 466) soll sie in Syrien zurückgelassen worden sein

spieler nach Caesarea, auch sein Leibarzt Euphorbos war wohl Hellene.[1]) Von den Athenern wurde ihm eine Statue errichtet[2]), vermutlich für die Verdienste, welche er sich um ihre Stadt durch literarische Tätigkeit erworben hatte. Denn in seinen griechisch verfaßten Schriften über Malerei gab er eine Beschreibung der Gemälde, mit welchen Polygnot und andere die Denkmäler Athens geschmückt hatten.[3]) Ebenso verherrlichte er Athen in seiner „Theatergeschichte", die zwar in den erhaltenen Fragmenten nur von Musikinstrumenten und Tanzarten handelt, jedenfalls aber auch die attischen Tragiker und Komiker berücksichtigt hat.[4]) Jubas zweiter Gattin Glaphyra gilt eine Inschrift von der athenischen Burg.[5]) Ebenfalls zu Athen erhielt sein Sohn Ptolemaeus in dem nach einem seiner Vorfahren auf dem ägyptischen Königsthrone benannten Gymnasium des Ptolemaeus eine Ehreninschrift.[6]) Eine zweite ist von ihm aus dem lykischen Xanthos bekannt.[7]) Dies alles sind nur wenige Erinnerungen daran, wie rege die unmittelbaren Beziehungen des mauretanischen Hofes zu Griechenland und Kleinasien, überhaupt zum Orient damals gewesen sind, und wie Jubas Geschmack und Interesse für hellenisches Wesen allgemein anerkannt wurden.[8])

Jubas Beispiel war vorbildlich für die Bürger Caesareas und die anderen mauretanischen Städte. Griechische Sprache findet immer mehr Verbreitung auf der ganzen Strecke von Tripolis bis nach Mauretanien. Allerdings wird diese Strömung unterstützt durch die Tendenzen der allgemeinen römischen Reichskultur, bei der in den zwei ersten nachchristlichen Jahrhunderten das Griechische als höherer und intensiverer Bildungsfaktor im Westen das Übergewicht hat. Zur Zeit des Apuleius, um 150 n. Chr., ist in besseren Kreisen das Griechische Umgangssprache[9]), ebenso gut wie noch das Punische in weiten Volksschichten herrscht. Griechische Grabinschriften oder

---

1) Plin. N. h. V 1, 16; XXV 7, 17.
2) Pausan. I 17, 2 und dazu die Anm. bei Hitzig u. Blümner (ed. 1896) I, S. 206; Pausan. ed. Frazer II, S. 145.
3) Über Parrhasius und Polygnot FHG III 481 fr. 71 u. 72.
4) Juba, FHG III 481 fr. 73—82.
5) Ephem. epigr. I (1872), S. 277 f. = IG III 549.
6) Pausan. I 17; CIG 360 (mit Boeckhs Bemerkg.) = IG III 555; de la Blanchère a. a. O. S. 14 u. 103 f.
7) CIG III 4269 b.
8) Auch mit Spanien hatte Juba Verbindungen: CIL II 3417 (Karthago Nova); Eckhel IV 158; Juba als duumvir in Gabes: Avien. ora mar. 276 ff. Für Ptolemaeus: Eckhel IV 160.
9) Apuleius, Apol. 10. 87. 98.

griechisch-lateinische, seltener griechisch-punische oder trilingue Inschriften, kommen in Karthago, Cirta und Caesarea vor. In Karthago und anderswo ist der höhere Schulunterricht zweisprachig, griechisch und lateinisch[1]), und dem Kaiser Septimius, der aus Leptis stammte, war das Griechische geläufiger als das Lateinische.[2])

Selbst in der lateinischen Sprache, dem offiziellen Regierungsorgan seit der römischen Besetzung, findet griechischer Einfluß seinen Niederschlag. Er läßt sich im lateinischen Wortschatze auf Inschriften und bei Schriftstellern nachweisen. Am besten zeugen dafür die Eigennamen, welche auf Dedikations- und Grabinschriften, neben den üblichen römischen und einigen berbischen und punischen[3]), eine auffallend große Zahl griechischer Benennungen aufweisen.

Schließlich scheint gerade das Christentum mit seiner griechischen Propaganda den bereits vorhandenen griechischen Kulturelementen seine frühe und rasche Verbreitung in Kleinafrika zu verdanken. Es wird zunächst sogar zu einer Verstärkung griechischen Kultureinschlags geführt haben. Die afrikanische Kirche wird somit Trägerin einer kulturellen Strömung[4]), die erst allmählich dem nachhaltigeren römischen Einflusse weichen muß, ohne daß jedoch die Spuren der ursprünglichen Hellenisierung ganz verwischt werden. Erst durch die Verbindung mit dem byzantinischen Reiche erleben wir noch ein letztes Aufflackern griechischen Wesens.[5]) Es wirkt aber nicht tief genug, weil die Beziehungen zum Orient von zu kurzer Dauer und lediglich politische, nicht mehr die ideellen der Bildung und Kunst sind.

Diese wenigen Tatsachen genügen schon, um die Aufmerksamkeit auf den griechischen Kultureinschlag in Kleinafrika zu lenken und dazu anzuregen, an der Hand der erhaltenen Denkmäler und Zeugen der Überlieferung eine systematische Untersuchung über den wirklichen Wert dieses Kulturfaktors anzustellen. Mag dabei eine Scheidung zwischen bloßer Importware und den von ihr beeinflußten Anregungen, Wirkungen und Verwertungen im Lande selbst zweckdienlich sein, so wird doch eine Trennung von zwei oft so eng verwobenen

---

1) Vgl. S. 10 ff.
2) Aurel. Vict. Epit. 20; vgl. 15.
3) Toutain, cités S. 167 ff.
4) Über Beziehungen der afrikanischen zu orientalischen Kirchen vgl. CIG 8954 (Bethlehem, nach 326 u. Chr.); Tertull. de ieiun. 13; Augustin. ep. 43,7; Harnack, Mission II², S. 237, A. 3.
5) Diehl, l'Afrique byzantine S. 407.

Erscheinungen sich nicht immer streng durchführen lassen. Die Richtlinien für die Aufgabe, welche uns hier im einzelnen beschäftigt, ist einerseits durch den bereits verfolgten Verlauf der äußeren Geschicke des Landes gegeben. Sie gliedern das Ganze in die vier Perioden der Punier, der Übergangszeit unter der römischen Republik, in welcher die numidische Dynastie hervortritt, der Kaiserzeit und schließlich der Herrschaft des Christentums und Ostroms. Andererseits haben wir die einzelnen Gebiete zu sondern, auf denen die fremde Kultur sich äußert: Sprache, Wortschatz und Namengebung, wie sie uns vorzüglich auf den Steindenkmälern begegnen, sodann Literatur und Kunst als Zeugen höheren Bildungsinteresses.

IV. DIE GRIECHISCHE SPRACHE IN KLEINAFRIKA.

Im allgemeinen äußert sich eine fremde Kultur am ehesten in der Aneignung fremder Sitten und Gebräuche, ihre intensivere Wirkung schlägt sich jedoch im geistigen Leben nieder. Einen der greifbarsten Nachweise für derartige Übertragung liefert die Sprache, welche von der einheimischen Bevölkerung zugelassen oder gar in Gebrauch genommen wird. Wenn wir also bisher in großen Zügen die Liby-Berber Kleinafrikas wechselnden und gemischten Kulturen unterworfen sahen, so müssen sich bei ihnen dementsprechend verschiedene Spracheinflüsse verfolgen lassen. Von den wenigen Nachrichten aus literarischen Quellen, welche uns darüber Aufschluß geben, sind die wichtigsten bereits erwähnt. Viel beredter sind aber die Steindenkmäler, welche als Zeugen der vergangenen Zeit die damaligen Sprachverhältnisse treu fixiert haben. Punisch und Lateinisch finden bei den Liby-Berbern als Sprachen der Herren des Landes nacheinander Verbreitung. Aber die Eroberer sind es auch, welche gleichzeitig den Kleinafrikanern den Zutritt zum Weltverkehr und einen Anteil an der Weltkultur erschließen und sie somit auch der damaligen Weltsprache, dem Griechischen, zuführen.

1. DIE PUNISCHE ZEIT.

Schon in der Periode der phönikischen Herrschaft, lange bevor Masinissa und Hiempsal in ihren Gebieten die Ansiedelung von Griechen begünstigten, hat sich Kleinafrika griechischem Einflusse nicht verschlossen. Wir haben bereits verfolgt, wie Karthago als Vormacht der Westphöniker neben politischen auch rege kulturelle Beziehungen mit Sizilien und später mit Griechenland selbst pflog und griechische Sprache zuließ.[1]) Was jedoch an archäologischen und inschriftlichen Spuren aus dieser Zeit erhalten ist, kann als Beweis für die Verbreitung der griechischen Sprache in Karthago kaum

---

1) Vgl. S. 2.

gelten. Denn dies alles ist vorwiegend Importware. So hat Delattre in Karthago aus den punischen Nekropolen des 4. und 3. Jahrhunderts v. Chr. zahlreiche Vasen, Schalen und andere Tongefässe zu Tage gefördert, die statt phönikischer Zeichen auch vielfach griechische Buchstaben und Zahlen tragen: sie deuten auf fremde Herkunft. Auf die rege Weineinfuhr aus dem Osten weisen die Überreste und Scherben von Tonkrügen hin, welche, ihren Henkelinschriften nach, hauptsächlich aus Rhodos und teilweise aus Knidos stammen.[1]) In dem sogenannten *murus testaceus* am Abhange der alten karthagischen Burg[2]) dienten die Amphoren jedenfalls als Füllmaterial zum Mauerbau. Als die Mauer unter Augustus in der ersten Zeit der neugegründeten Kolonie errichtet wurde, gelangten in mehreren Schichten zahlreiche mit Erde und Scherben angefüllte Weinkrüge zur Verwendung. Da nun mit Ausnahme einer einzigen Amphore (VIII 22639, 26) die griechischen Henkelinschriften sämtlich von Scherben herrühren, müssen sie nach Delattre in ältere Zeit zurückgehen als die unversehrten Weinkrüge und sind jedenfalls vorrömisch. Es sind die gleichen rhodischen und knidischen Amphorensigille, wie sie an den Küsten des Mittelmeeres und des Schwarzen Meeres verbreitet sind, häufig in Pergamon und sogar in Latium vorkommen. Aus mutmaßlich vorrömischer Zeit ist sonst bisher nur eine halb punisch, halb griechisch abgefaßte Weihinschrift auf einer Bleivase bekannt.[3])

Die ersten wirklichen Spuren einer in Kleinafrika gesprochenen und geschriebenen griechischen Sprache bringt erst die Kaiserzeit. Zunächst ist es wahrscheinlich, daß vor allem die punische Sprache während der Herrschaft Karthagos und noch nach dessen Zerstörung an der Küste wie im Binnenlande große Verbreitung gefunden und die einheimische libysch-berbische stark zurückgedrängt hat. Denn

---

1) CIL VIII 22639, 1—196; 12 weitere Vasenstempel: Delattre, Rev. Tun. 1904, S. 467—469; 30 neue Henkelinschr.: Delattre, Rev. Tun. 1905, S. 423—430, darunter ist aber ein Stempel ΜΑΓΩΝ, welcher dem punischen Namen nach zu schließen, auf einheimische Fabrikation hinweist, vgl. Delattre, la nécropole des Rabs, troisième année de fouilles S. 33. Desgl. am eben angef. O. S. 31 ΝΑΜΠΩΝ. Rhodische Stempel a. a. O. S. 26. 31. 33 f. 37. Delattre, Bull. du Com. 1907, S. 439. Zu den rhodischen Amphorenstempeln B. Keil, Berl. Phil. Woch. 1896, 1606—1614, Rezens. der Inschr. von Pergamon; Bleckmann, de commercio Rhodiorum, Diss. Göttingen 1908, S. 3 u. a.

2) Delattre, Bull. du Com. 1894, S. 90 ff.; Beule, fouilles à Carthage.

3) Delattre, C.-R. de l'Acad. 1903, S. 387. Außerdem vielleicht auch Ph. Berger, C.-R. de l'Acad. 1903, S. 194 f.; ferner sind bei Mahdia im Meere unter den Trümmern eines untergegangenen Schiffes zwei griech. Inschriften gefunden worden, Bericht von Carton, Rev. Tun. 1910, S. 257.

nur durch die Annahme eines umfassenden und nachhaltigen Einflusses läßt sich erklären, daß das Punische in einigen, weniger regem Verkehre ausgesetzten Gegenden des Binnenlandes sich bis in das 4. nachchristliche Jahrhundert gehalten hat.[1])

2. DIE RÖMISCHE ZEIT.
A. BILDUNGSMITTEL: UNTERRICHT, STUDIUM UND THEATER.

Mit der römischen Eroberung drang zwar eine neue Sprache in das Land ein, es entspricht aber der ganzen Art der Provinzialverwaltung, wenn zunächst das Lateinische lediglich offizielles Verwaltungsorgan bleibt. Erst mit Beginn der Kaiserzeit wird auch das Lateinische allgemeiner bekannt. Seit dem 1. nachchristlichen Jahrhundert kommen daher die zahlreichen Inschriften in Nordafrika auf, die in ihrer lateinischen Abfassung den Anschein erwecken, als ob daneben jede andere Sprache verdrängt sei. Es war jedenfalls die Sprache, mit welcher man in die Öffentlichkeit hinaustrat; nebenher ging aber das Punische als Idiom des Volkes und nicht zum wenigsten das Griechische als Sprache der gebildeten Gesellschaft sowie mancher unteren Volkskreise.

Vor allem verdankte das Griechische seine Verbreitung einem regen Bildungstrieb der Kleinafrikaner. Er äußerte sich in der punischen Zeit und nach Karthagos Fall hauptsächlich darin, daß die Phöniker und Einheimischen zur Erweiterung ihres Bildungskreises nach Griechenland zogen und zahlreich in Athen studierten. Der unter dem Namen Kleitomachos bekannte Philosoph Hasdrubal aus Karthago hat sich sogar dauernd in Griechenland niedergelassen[2]), ohne jedoch die Beziehungen zu seiner Heimat abzubrechen.

Unmittelbar vor der eigentlichen intensiven Kolonisierung Afrikas durch die Römer war dann im fernen Mauretanien die Residenz Iubas II. ein Mittelpunkt angeregten geistigen Lebens, wo Kunst, Literatur, Rhetorik und Philosophie eine, freilich mehr dilettantenhafte, Heimstätte fanden. In Caesarea hörten die lernbegierigen Afrikaner

---

1) Apuleius, Apol. 98 (109 Kr.); Spartian., Sept. Sever. 15; Stat., Silv. IV 5, 45; Aur. Vict., Epit. 20, 8; Augustin., confess. I 14, 23; ders., ep. 66, 2. 108, 14. 209, 3; ders., serm. XXV u. a.; Arnob., comment. ad Psalm. 104 (Migne p. 481); Procop. de bello Vand. II 10; vgl. Budinszky, Ausbreitung d. latein. Sprache S. 263—265.

2) Diog. Laert. IV 67; Cic., Acad. II 31—32; ders., Tusc. III 22; Steph. Byz. s. v. Καρχηδών; Monceaux, les Africains S. 126.

die Lehrer, welche, zumal aus den griechischen Ländern, auf Iubas Ruf herübergekommen waren. Mit der Ausrottung der mauretanischen Dynastie ging jedoch der hellenistisch-orientalische Einfluß in Caesarea zurück und das rege geistige Leben nahm dort wieder ab. Dafür verlegte sich der kulturelle Mittelpunkt wieder in die von Natur dazu berufenen östlichen Teile Kleinafrikas. Deren Blüte charakterisiert sich in dem raschen Aufschwung des neugegründeten Karthago. Von diesem wirtschaftlichen und geistigen Zentrum aus gehen strahlenförmig die Fäden in das innere Land, in die Proconsularis und nach Numidien, während Mauretanien mehr zurücktritt.

Gerade das römische Kulturleben, wie es sich zu Beginn der Kaiserzeit gestaltet hatte, bot für Afrika ein anregendes Vorbild. Unterricht und Studium wurden nach römischem Muster eingerichtet[1]), weckten das Interesse für die zeitgemäße Universalbildung, für Hellenismus in Sprache und Literatur[2]) und trugen somit zur Erhaltung bereits vorhandener griechischer Elemente sowie zu ihrer Vertiefung und Verbreitung bei. In den kleinsten Städten der Prokonsularprovinz und Numidiens, seltener in der Tripolitana und Mauretanien, erstanden allgemeine Schulen, welche den lateinischen Elementarunterricht den Volkskreisen zugänglich machen sollten.[3]) Eine wesentlich höhere, zweite Stufe befand sich in jeder größeren Stadt.[4]) Unter der Leitung eines Grammatikers lernten die Schüler wie in Italien[5]) Lateinisch und Griechisch an der Hand der Dichterwerke von Terenz und Vergil sowie von Homer.[6]) Einen Niederschlag davon geben uns noch einige griechische Homerzitate auf lateinischen oder bilinguen Inschriften. Es ist sicherlich anzunehmen, daß die lateinischen und griechischen Sprachlehrer in Kleinafrika bei der Mischkultur des Landes mit Schwierigkeiten zu kämpfen hatten. Den Schülern, welchen die libysch-berbische, vielleicht auch die punische Sprache geläufig war, und die einige Brocken Griechisch konnten, wird in der ersten Zeit der römischen Periode das Lateinische schwer gefallen sein. Als später die Kenntnis und Verbreitung des Griechischen wieder zurückging, werden umgekehrt die Schüler für diese

---

1) A. Graham, Roman Africa S. 128 ff.; Monceaux, les Africains S. 47—77. Allgemeine Literatur über Schulwesen: Ussing, Erziehung und Unterricht bei den Griechen und Römern (1885); G. Boissier, l'instruction publique dans l'empire romain (Rev. des Deux-Mondes 62 (1884), S. 316 ff.); Hatch, Griechentum und Christentum (übers. von E. Preusch 1892), S. 19 ff.
2) Hatch a. a'. O. S. 20 u. 31.
3) Apuleius, Flor. 20; Augustin., confess. I 13.   4) Augustin., confess. a. a. O.
5) Ussing a. a. O. S. 123.   6) Augustin., confess. I 14 und 15.

Sprache kein Interesse gezeigt haben. Augustin erzählt ja selbst[1]), wie ihm der griechische Unterricht verhaßt war.

Mannigfache Inschriften aus Kleinafrika geben uns von der Kenntnis der beiden Hauptsprachen des Weltreiches Nachricht. Sie sind nicht mit E. Norden[2]) als Zeichen für das Aussterben der griechischen Sprache zu betrachten, und es kann nicht als außergewöhnlicher Ehrentitel angesehen werden, wenn sich ein Afrikaner „redegewandt in beiden Sprachen" nennt. Auf einem Grabstein eines 17jährigen Jünglings aus der provincia Byzacena[3]), lesen wir, daß dieser bereits mit 14 Jahren die griechischen stenographischen Zeichen kannte.[4]) Eine Inschrift aus Thugga[5]) erwähnt die Kenntnis des Lateinischen und Griechischen, „studiis utriusque linguae perfecte eruditus" ist ein junger Mann von Sitifis.[6]) Ebenso genossen die beiden 21- und 18jährigen Söhne des Q. Vetidius Juvenalis, eines Landmanns aus der Aristokratie von Thubursicum in Numidien, Unterricht in beiden Sprachen.[7])

Die dritte Unterrichtsstufe versammelte zum Bildungsabschluß vom 17. oder 18. Lebensjahre ab die jungen Leute aus den kleinafrikanischen Provinzen in der Universität Karthago. Hier haben die bedeutendsten literarischen Geister der Heiden und Christen gewirkt, Apuleius, Tertullian, Cyprian, Augustin und viele andere. Die Kar-

---

1) Augustin., confess. I 14.
2) Kultur der Gegenwart, Teil I, Abt. 8 (1. A.) S. 376.
3) CIL VIII 724 = 12135 (El Chima); Dessau, Inscr. Lat. sel. II, 2 no. 7759; Bucheler 1612; die Inschrift ist leider sehr verstümmelt.
4) Kübler, die Lebensstellung der Stenographen im röm. Kaiserreich, Arch. f. Stenographie 57, N. F. 2 (1906), S. 146. Nach A. Mentz (Arch. f. Stenogr. 58, N. F. 3 (1907), S. 137) war gegen Ende des 2. nachchristl. Jahrhunderts die griechische Kurzschrift sehr verbreitet, nicht allein in Griechenland und im Orient, sondern überall, wo griechische Kultur ihren Einzug gehalten hatte. So ist im Westen auch ihre Kenntnis nachweisbar, wo man Griechisch verstand, wie in Illyrien, Sizilien und speziell hier in Afrika.
5) CIL VIII 1540 (fragmentarisch) = Poinssot, Rev. Tun. 1909, S. 492 f. no. 665.
6) CIL VIII 8500, aus dem J. 229 datiert.
7) Merlin, Mél. de l'Ecole franç. de Rome 1903, S. 117 ff. = Rec. de Constantine 1904, S. 278, a und b:
a) Heracli | D. M. s. | L. Vetidius Maternus | Vetidianus | eques Rom(anus) | Q. Vitidi Juvena|lis quinquen'nalici filius | utraq(ue) lingua eruditus p(ius) v(ixit) a(nnos) XVIII | m(enses) IIII d(ies) XXVIII per|missu praesidis A(fricae), | Karthagine de stu dio relatis reliquiis | h(ic) s(itus) e(st).
Q. Vitidius Juvenalis = Juventius, Q. fil(ius) omnibus honoribus functus pater III equitum Romanor(um) in foro iuris peritus agricola bonus ...
b) Q. Vetidius Felix Honoratianus eques Romanus Q. Vetidi Juvenalis quinquennalici filius utraq(ue) lingua eruditus p(ius) v(ixit) a(nnos) XXI ....

thager waren stolz auf ihre Schulen[1]) und Apuleius ist des Lobes voll für die wichtige Stätte seines Wirkens, obwohl gerade er sich rühmt, noch mehr als die meisten andern getan zu haben, daß er in Athen seinen Bildungskreis erweitert hat. Als Vorbereitung für praktische Berufe umfaßte der Lehrplan der karthagischen Universität alle Fächer theoretischer und praktischer Bildung, er berücksichtigte neben Philosophie und Rhetorik[2]) in gleicher Weise Rechtslehre, Medizin, Mathematik und Naturwissenschaften. Der Unterricht war zur Zeit von Apuleius und Tertullian zweisprachig gehalten. Manche als Vorlesung bestimmte wissenschaftliche Abhandlung des Apuleius war griechisch geschrieben.[3]) Schließlich müssen seine rhetorischen Kunststücke und Prunkreden, welche bald in griechischer, bald in lateinischer Sprache gehalten wurden[4]), natürlich auch ein Verständnis für beide Sprachen in weiten Kreisen seiner Zuhörer und Leser voraussetzen.

Auch Cirta, Theveste und andere Städte waren bekannte Mittelpunkte der Bildung, und zahlreiche Wanderlehrer und Wanderrhetoren durchzogen, wie auch Apuleius einige Zeit lang, das Land. Viele von ihnen waren Griechen und kamen aus Athen, Korinth oder Alexandria. In freien Schulen hielten sie ihre Vorträge und brachten somit Kenntnisse und Bildung in die Kreise, welchen es nicht vergönnt war, in einer Weltstadt wie Karthago oder im Osten selbst an der Quelle zu schöpfen. An der regen schriftstellerischen Tätigkeit und der führenden Rolle Afrikas in der abendländischen Literatur während des 2. und 3. Jahrhunderts n. Chr. läßt sich ermessen, wie allenthalben in den Provinzen die Bildung Platz greifen mußte. Juvenal rät römischen Lehrern der Rhetorik, nach Afrika hinüberzugehen, um dort bei der großen Nachfrage und dem Bildungseifer lohnende Beschäftigung zu finden[5]), während umgekehrt später auch afrikanische Rhetoren in Italien und den Provinzen gesucht waren.[6])

Gar nicht selten sind in Afrika Inschriften von Gelehrten und Professoren[7]), andere stammen von Schülern, die in Karthago ihre

---

1) „Carthago studiis, Carthago ornata magistris". Riese, Anthol. Lat. 317.
2) Apuleius, Flor. 20; ders., Apol. 37 ff.
3) Monceaux, les Africains S. 62 f.
4) Apuleius, Flor. 18 „et vox mea utraque lingua iam vestris auribus ante proxumum sexennium probe cognita" u. a. Stellen; ders., de deo Socratis, prol. p. 113 (Oud.); Tertull., de cor. 6.
5) Juvenal. VII 147—149.
6) CIL III 2127 a (Dalmatien); Sittl, lok. Versch. im Latein S. 155 zu S. 82.
7) CIL VIII 8870 (Tupusuctu); 20162 (Cuicul).

Lernzeit verbracht haben.[1]) Weit wichtiger sind aber hier die Zeugnisse, welche von zweisprachigen oder griechischen Studien sprechen. Einen hervorragend begabten 20jährigen Manu erwähnt eine Inschrift aus Thibilis mit hochtönenden Worten. Sie rühmt seinen Adel, seine Beredsamkeit und Deklamierkunst, seine hohe Begabung im Extemporieren und nennt die Menge seiner Dialoge, Briefe, „edylia" und „eglogae"[2]). In noch prunkvollerem Stil wird in Thamugadi ein Mitglied der dortigen Aristokratie, P. Flavius Pomponianus Pudens als Patron der Stadt mit folgender Bezeichnung geehrt: „multifariam loquentes litteras amplianti, Atticam facundiam adaequanti Romano nitori".[3]) Aus Thugga stammt der Grabstein eines Lehrers, dessen Lebensjahre in künstlicher Rechenaufgabe unter Heranziehung der pythagoreischen Zahlenlehre ausgedrückt sind.[4]) Die meisten der auf diesen Inschriften genannten Personen gehören der Aristokratie der senatorischen und ritterlichen Kreise Afrikas an. Sie tragen fast durchweg die langen pompösen Namen, wie sie gerade in diesen Kreisen zur Zeit der Blüte des Kaiserreiches üblich waren, teilweise kommen sie sogar in Verbindung mit einem Signum vor.[5]) Demgemäß stammen sie alle noch aus der Blütezeit der Provinz, etwa aus dem 2. bis 3. Jahrhundert.

Seit der Mitte des dritten Jahrhunderts tritt der griechische Einfluß vor dem immer mehr erstarkenden romanischen zurück[6]), nur die

---

1) VIII 20274 (Satafis); 5370 (Calama); 646 (Mactar); vgl. S. 11 A. 7; VIII 144 (Byzacena) erwähnt einen Jüngling, der in den schönen Künsten gebildet ist. Ein Stuckrelief (Arch. Anz. 1900, 19) stellt einen Knaben dar, welcher in seiner linken Hand einen Schreibkasten hält und am Scheidewege zwischen einer Muse und einer kriegerisch gerüsteten Gestalt steht, also zwischen Studium und Kriegshandwerk zu wählen hat.

2) VIII 5530 = 18864.

3) VIII 2391 = 17910; Rev. de Philol. 1895, S. 215; Buecheler, Rhein. Mus. 42 (1887), S. 473.

4) Carton, Bull. Soc. Ant. 1891, S. 266 = Poinssot, Rev. Tun. 1909, S. 491 f. no. 664: Terentius Sabinianus fons et camena litteris sapiendo op(t)imus et dicendo splendidus hoc praeter ceteros etiam Hippo dicti Diarr(h)ytos ubi magister praestans floruit vixitque numerum in se de an[a]logia Pythagorae primarium p. v. a. XXXVI h. s. e. Tollkiehn, N. Jahrb. f. d. kl. Alt. VII (1901), S. 172; einen Kommentar zu der Inschrift gibt Lafaye im Bull. des Antiqu. 1894, S. 71 ff. (mir nicht erreichbar).

5) VIII 2391. 20162; S. 11 A. 7.

6) Bertholon, origine et formation de la langue berbère (1907), S. 118, will aus Victor Vitensis — ohne die Stelle zu zitieren — wissen, daß der Vandalenkönig Geiserich für seine Unterhandlungen mit den afrikanischen Großen und Bischöfen Dolmetscher brauchte, da diese teils Punisch, teils Lateinisch, teils Griechisch sprachen, und schließt zu Unrecht daraus, daß Griechisch damals noch verbreitetes Volksidiom war. Ich habe diese Stelle vergeblich gesucht.

Literatur und das Volkslatein tragen späterhin in Wortschatz und Grammatik Spuren der einst geläufigen Sprache.

Nicht allein das Studien- und Unterrichtswesen gibt uns als Bildungsmaß über die Bedeutung der griechischen Sprache in Kleinafrika Aufschluß, sondern auch das Theaterleben. Schon Juba ließ nach Caesarea griechische Schauspieler kommen, von welchen noch Inschriften und Namen erhalten sind.[1]) Bekannt ist auch das griechische Spottepigramm, das der König auf den tragischen Schauspieler Leonteus verfaßt hat, weil ihm sein Spiel mißfiel.[2]) Seit der römischen Kaiserzeit teilten die meisten größeren Städte Kleinafrikas das Interesse an Theateraufführungen; davon geben die Trümmer und Spuren der römischen Theateranlagen allerorts beredten Ausdruck.[3]) Im Gegensatze zu den Wettkämpfen und Spielen im Zirkus und Amphitheater waren die Theater eine Stätte wirklicher Bildung und Geisteskultur. An der Spitze stand natürlich Karthago. Zur Aufführung gelangten dort öfters Dramen neben Pantomimen, meist mit mythologischem Inhalte, mit griechisch-römischen Motiven und Ideen.[4]) Mit dem Repertoir griechischen Ursprungs drang naturgemäß auch auf diesem Wege ein ganzes Vokabular von griechischen Wörtern auf der Bühne und hinter den Kulissen ein[5]) und verbreitete sich bald unter die Zuhörer. Davon erzählen Apuleius, Tertullian[6]) und noch spätere christliche Schriftsteller, wie Augustin. Auch Arnobius berichtet von Theaterstücken, welche er in Karthago und Sicca gesehen hat. Neben lateinischen Atellanen, Mimen und Phantasiestücken figurierten zu seiner Zeit noch Sophokles' Trachinierinnen und Euripides' Herakles auf der Bühne.[7])

B. DIE GRIECHISCHEN WEIH- UND GRABINSCHRIFTEN.

Bisher waren die geistig angeregten und gebildeten Kreise der kleinafrikanischen Bevölkerung Gegenstand der Betrachtung. Aber am unbefangensten führt uns der Verkehr des täglichen Lebens in die Sprache eines Volkes. Dafür bieten die Inschriften willkommenes Material. Unter ihnen fällt eine beträchtliche Anzahl auf, die

---

1) VIII 9428. 21161. 21172. 21098.
2) Athen, VIII p. 343 E; Müller, FHG III S. 483 no. 83.
3) Boissier, l'Afrique romaine (2. A.), S. 253—265.
4) Audollent, Carthage romaine, S. 685 f.; Friedlaender, Sittengesch. IIe, S. 609 ff.
5) Audollent, S. 687. 6) Tertullian. de spectaculis u. a.
7) Arnob. IV 35 (Migne P. L. V 1073 A); ders. VII 33 (Migne P. L. V 1266 A.)

Theater. — Weih- und Grabinschriften. 15

griechisch oder zweisprachig abgefaßt ist. Durch ihr vereinzeltes Vorkommen zwischen den lateinischen oder durch ihre Verbindung mit solchen geben sie ein beredtes Zeugnis von der Kultur- und Sprachvermischung unter den Kleinafrikanern.

Wenn wir zunächst die Weih- und Grabinschriften der römischen Periode betrachten, so treten unter ihnen nur einige wenige hervor, welche sich zeitlich bestimmen lassen.[1]) Es sind die Inschriften von Caesarea, welche wohl auch als die ältesten zu betrachten sind. Zwei davon nehmen unmittelbar auf Juba und Ptolemaeus Bezug (68 u. 71). Die übrigen sind undatierte Grabinschriften (65, 66, 69, 70, 72, 73, 75, 74 Grabepigr., 67 bilingue Inschr.). Aus dem fernen Volubilis, der Hauptstadt der provincia Tingitana, sind auch fünf, leider nur verstümmelte, griechische Inschriften erhalten (76—80). Es ist dies eine Bestätigung für die Erscheinung, welche auch bei den Personennamen zutage treten wird, daß selbst bis hierher Griechen gelangt sind oder der Einfluß der Kulturzentrale Caesarea bis hierhin gewirkt hat.

Der Mittelpunkt Numidiens war Cirta. Von dort sind zahlreiche, teils ganz griechische, teils hybride Inschriften erhalten, ebenfalls ausschließlich Grabsteine (56—64). Zwei Ehreninschriften, eine griechische und eine griechisch-lateinische (63 und 64), stammen, wie auf der einen ausdrücklich erwähnt ist, wohl beide aus Arabia Petraea und wurden erst nach dem Tode des Geehrten auf dessen letzten Wunsch nach seiner vermutlichen Heimat Cirta geschafft. Neben Cirta sind in Numidien noch zahlreiche Städte vertreten, welche einzelne griechische oder hybride Inschriften aufweisen: Rusicade und Umgebung (54, 55), Cuicul (53), Verecunda (52), Theveste (50, 51), Lambaesis (47 griechisch-lateinisch, 48), Sicca (45, 46, 49 Signatur auf Mosaik), Sidi Brahim bei Madaura (44 griechisch-lateinisch), Thuburnica (43).

Aus der provincia proconsularis sind ebenfalls viele Orte zu nennen: Uthina (42 neupunisch, griechisch und lateinisch), Thignica (40, 41), Thugga (39), Aunobaris (38 griechisch-lateinisch), Gasr-Mezuâr (36 Dedikation), Abthugni (37 Künstlersignatur), Utica (35), Henchir-Aouin (34 punisch, griechisch und lateinisch), Tunes (32 auf Edelstein, 33). In Karthago sind die zahlreichsten und mannigfaltigsten Arten vertreten: Dedikationen an Sarapis (13—17), Dedikation (18 u. 20), Grabinschriften (19—25, 27), griechisch-lateinische Grabinschrift

---
1) Die angeführten Zahlen weisen auf die nachfolgende Zusammenstellung S. 16 ff.

(26), Inschrift auf Gemme (28 u. 30), auf Tongefäß (29), Künstlersignatur (28a), Graffiti auf Mosaik (32a), Fragmente (30 u. 31).

Geringer ist wieder die Zahl in der Byzacena: Ammaedara (12 Gedicht), Hadrumetum (7 Vasenfragm., 8 griechische Akklamation in lateinischen Buchstaben, 9 Graffitiinschrift mit griechischen und lateinischen Buchstaben, 10 Künstlersignatur, vielleicht auch 11) und Thapsus (6 Akklamation auf Vase).

Wenige stammen aus Tripolitana: Gigthis (5 Graffitiinschrift), Leptis Magna (1 lateinisch-griechisch-punisch, 2 Grabepigramm, 3 Grabinschrift), an der Syrte (4).

Im folgenden sind die griechischen und hybriden Inschriften aus der römischen Periode zusammengestellt, da sie noch nirgends gesammelt herausgegeben sind. Die Defixionstafeln sind hier unberücksichtigt geblieben und werden besonders behandelt.

PROVINCIA TRIPOLITANA.

1. Leptis Magna. — CIL VIII 15—16. Trilingue Inschrift:
(15) Boncar Mecrasi Clodius medicus | *Βώνχαρ Μέχρασι Κλώδιος ἰατρός* | . . dasselbe in punischer Schrift. (16) Byrcth Balsilechis f. mater Clodi medici | *Βυρύχϑ Βαλσαλὴχ ϑυγαϑὴρ μήτηρ Κλωδίου ἰατροῦ* | . . . dasselbe in punischer Schrift.
Die Namen deuten auf punische Herkunft, Clodius ist wohl ein von dem Arzte angenommener Gentilname.

2. Leptis Magna. — CIL VIII 10997 = CIG III 5363a (Kaibel 420,3).
. . . . *ον*
π[α]ῖ[δ]ά μ'[ἀποφϑίσϑαι, μίτος ὡς ἐπέ]κλωσεν ὁ Μοιρῶν
π[α]ῖ[δ]ά με [τυ]μβε[ῦ]σαι κ[α]ὶ [ἀ]φε[γγ]έα νύκτα περᾶσαι.

3. Leptis Magna. — CIG III 5363b.
. . . *ωπῳ Σ[τράτ]ωνος ἀ[νδρὶ ἑα]υ[τῆς βέν]ε μέρε[ντι]* nach Franz; ohne neuen Abklatsch CIL VIII 10998:
|. . *ωπωσι* . . | . . *ωνος . α* . . | . . *εις ψυ* . . | [*βέν*]*ε μέρε*[*ντι*]
wohl = . . *ε*[*ὐ*]*ψύ*[*χει*] | [*βέν*]*ε μέρε*[*ντι*]
Die Schlußformel der Grabinschrift ist aus dem Lateinischen transskribiert.

4. Ad Syrtim. — CIG III 5364, Fragment einer griechischen Inschrift, unverständliche Reste.

5. Gigthis. — Arch. Anz. 1903, 94 = 1904, 129.
In einer Villa suburbana hatten die Wände Fresken und zahlreiche Graffitiinschriften, darunter auch griechische. Vgl. Nr. 9, Nr. 32a.

PROVINCIA BYZACENA.

6. Thapsus. — CIL VIII 10479, 51.

   Eine mit vier bildlichen Darstellungen geschmückte Vase trägt in lateinischen Buchstaben die griechische Akklamation:
   Telegeni nika.
   Vgl. Nr. 8.

7. Hadrumetum. — CIL VIII 10479, 55.
   Εὐκαρπία.

8. Hadrumetum. — Bull. du Com. 1903, 538f., Arch. Anz. 1905, 80. Das in einer römischen Nekropole gefundene Mosaikbild eines Gladiators trägt die übliche Akklamation:
   . . . ti nika.
   Vgl Nr. 6.

9. Hadrumetum. — Bull. de la Soc. arch. de Sousse 1905, 94 u. 219. Graffitiinschrift mit griechischen und lateinischen Buchstaben:
   Τήλεφος Fus Τηλεf?
   Vgl. Nr. 5 und 32a.

10. Hadrumetum. — Arch. Anz. 1904, 124 und 128.
    Künstlersignatur (vgl. Nr. 28a, 37 und 49) auf Mosaik:
    Θεοδούλου.
    Der griechischen Signatur entspricht die feine Arbeit des Künstlers, der vermutlich aus Griechenland stammte.

11. Hadrumetum. — CIL VIII 22644, 58 (auf einer Bleirolle):
    Κέλσει.
    Der transkribierte Genetivus des lateinischen Namens Celsus, vgl. Nr. 37.

12. Ammaedara. — CIL VIII 11658.
    Grabgedicht aus sechs schwer entzifferbaren Hexametern:
    [οὐδεμ]ίη θανάτοιο φύγεν μέ[ν]ος οὐδέπο[τ'] ἰσχὺς
    οὐ πλούτου [θε]ὸς οὗτος ἐφείσατο, οὐδέ τι κάλλους
    ἀ[λλ'] ἔτι [πᾶ]σι καλοῖς ο[ὗτο]ς [βίος εἰς τέλος ἧκεν]
    [βραχύτερον] . . . .
    (5) [ἄωρ]ον θάνατος [κ]αὶ ἐνήρατο μοῖ[ρ' αὐτὸν δὲ]
    εἷλεν ἄ[μομ]*φον ἐόντα τέλος καὶ ἀπώλεσ' ἐν ἥβῃ.
    * coni. B. Keil.

PROVINCIA PROCONSULARIS.

13. Karthago. — CIL VIII 1003.
    Ἐν Κανώβῳ θεῷ μεγίστῳ | Π. Αὐρήλιοι Πασίνικοι | σὺν τοῖς ἰδίοις ἀνέθηκαν | ἐπ' ἀγαθῷ | δ(όγματι) β(ουλῆς).
    Die Formel δβ = d(ecurionum) d(ecreto).

14. Karthago. — CIL VIII 1005.
Διὶ Ἡλίῳ μεγάλῳ Σαράπιδι | καὶ τοῖς συννάοις θεοῖς | Τίτος Οὐαλέριος Ἀλέξανδρος | σὺν τοῖς ἰδίοις ἀνέθηκεν | ἐπ' ἀγαθῷ.

15. Karthago. — CIL VIII 12493.*
... ὑπὲρ Φλαουίας | θυγατρὸς αὐτῶ[ν] | [ε]ὐσ[εβεί]ας χάριν | ἐ[π' ἀγ]αθῷ ἀνέθη κεν Διὶ Ἡλίῳ μεγάλῳ | Πανθέῳ Σαράπιδι.

16. Karthago. — CIL VIII 1007.
Μανέθων (vgl. FHG II 511).

17. Karthago. — CIL VIII 1006.
... | ... των | σὺν τοῖς | ἰδίοις | ἀνέθηκεν

18. Karthago. — CIL VIII 12487.
['Απ]όλλωνο[ς] Ἀρειφιο[δ ...]

19. Karthago. — CIL VIII 1007a.
Ἀντιφίλῳ ἥρῳ | δέμας καὶ ἀτειρέα | φωνήν.
Grabinschrift[1]) eines Sängers Antiphilos aus Griechenland. Das Homerzitat ist aus Il. 13, 45 = 17, 555 = 22, 227[2]); vgl. Nr. 41.

20. Karthago. — CIL VIII 12924.
Θεοῖς ἀγαθοῖς als Rest einer ausgekratzten Dedikation, darunter folgt die Grabinschrift:
Γ. Φλαούιος Μάξιμος Κρὴς Γορτύνιος φιλόσοφος ἐνθάδε κεῖται βιώσας ἔτη τεσσαράκοντα καὶ ὀκτώ. ἐποίησεν Φλαουία Ἑρμιόνη συνβίῳ. εὐψύχει, κύριέ μου Μάξιμε, ἐγώ σου περίψημα τῆς καλῆς ψυχῆς.
Nach Mommsen betrauert die Gattin den Tod ihres Gatten so, daß sie selbst sich als die übriggebliebene geringere Hälfte und gleichsam die „Unreinigkeit" der Ehe bezeichnet. Vgl. Le Bas-Wadd. VI no. 2493; Paul. Cor. I 4, 13.

21. Karthago. — CIL VIII 13392.

Cagnat: Εὐμυρίου . .
λαου δι . .
νατος ε . .

B. Keil: Εὐμυρίου [. .
οὐδὶ[ς ἀθά]
νατος ε[ὐψύχι]

Εὐμυρίου = Εὐμοιρίου, vgl. Siebourg, Arch. f. Religionswissensch. X (1907), S. 393 f.; Meisterhans, Gramm. d. att. Inschr. (2. A.), S. 49. — Der Übergang von ει zu ι seit etwa 100 v. Chr.: Meisterhans a. a. O. S. 38.

---

1) Ἥρως in der Bedeutung von Verstorbenen auf griechischen Inschriften häufig: Larfeld, Handb. der gr. Epigr. II (1902), S. 851; Fustel de Coulanges, cité antique (19. Aufl., 1905), S. 20, A. 1; E. Rohde, Psyche (1894), S. 142ff.; Bréal, C.-R. de l'Acad. 1906, S. 200.

2) Audollent, Carthage romaine S. 687.

22. Karthago. — Delattre, Rev. arch. 1898 II S. 97.
 Θεοῖς ὑπ[ο]γαίοις. Φ[λαβία] Σπορίλλα Τ[ελε]|σπόρου θυγ[ά]τηρ | ἔζησεν ἔτη ι̅ μ(ῆνας) ε | ἡ(μέρας) ι̅δ̅.
 Τελεσπόρου = Τελεσφόρου. Θεοῖς ὑπογαίοις = D(is) M(anibus), singulär für das gewöhnliche θεοῖς καταχθονίοις. Auch die Altersangabe ist nach lateinischem Muster abgefaßt.

23. Karthago. — Rev. Tun. 1909, S. 147 no. 412.
 ἐνθάδε κεῖτε . . | χρόνον γαλά[θηνον] | ἐνιαυτὸν και . . | λη.

24. Karthago. — CIL VIII 13391.
 . ευς Ἀρπά[γου] | καὶ δεκ[α] . . . | . . λε[ί]ψα[να].

25. Karthago. — CIL VIII 13390.*
 . . . ο μ . . . | . . . οια ἔργο . . | . [ἠγο]ράσθη τει[μῇ] | . [ἡ]γόραστε δι . . . | . ἄδηλα μ . . | . . γάση ἐν ἀ | . . μοιρη . . | . . ξανθα.

26. Karthago. — CIL VIII 12580.
 Lateinische Inschrift mit der am Schlusse üblichen Grabakklamation εὐψύχει. Oct(avius) Octav(ianus) [miles] (centuria) Ponti Her[aclii vix(it) ann(is) . .] | mil(itavit) (beneficiarius) an(num unum), | mil(itavit) [. . annos . . pos(itum)] per | Oct(avium) Didam | . . εὐψύ[χει].

27. Karthago. — CIL VIII 10536. Fragment:
 . . ε . . . εια εὐψύχει.

28. Karthago. — CIL VIII 22658, 29.
 Darstellung eines bewaffneten Reiters auf Edelstein mit der Inschrift: [ἀγαθῆι τ]ύχηι.

28a. Karthago. — Musée Alaoui pl. LXXVII u. S. 130 no. 107; Arch. Anz. 1909, 212ff. Abb. 5; gefunden bei Mahdia, C.-R. de l'Acad. 1908, S. 387.
 Künstlerinschrift auf der archaistischen Kopie einer Bronzeherme:
 Βοηθὸς | Καλχη|δόνιος ἐποίει.

29. Karthago. — CIG III 5365.
 Inschrift auf Tongefäß:
 Χαρμῖνος Θεοφαμίδα Κῶος.
 Fehlt bei Collitz-Bechtel, III 1, 330 ff.

30. Karthago. — CIL VIII 22658, 28.
 Mythologische Figur auf einer Gemme, darunter der Name des Besitzers: Ἄνθου.

IV. Die griechische Sprache in Kleinafrika.

31. Karthago. — CIL VIII 1121.

Fragment, vermutlich von einem Sklaven stammend.

.. ωτω | .. ρε | ... [δ]οῦλος | ... χάριν.

32. Karthago. — Delattre, Bull. de la Soc. arch. de Sousse 1905, S. 129 no. 11.

... ων ει ταρ .. | .. ρθαι ιαστ ..

32a. Karthago. — Arch. Anz. 1904, 121.

In einem Hause zu Karthago wurden verschiedene übereinander liegende Mosaikböden gefunden, die anscheinend aus fünf Bauschichten herrühren; die ältesten Böden stammen nach P. Gauckler aus hadrianischer Zeit, die jüngsten aus byzantinischer Periode. Zu einer der ältesten Schichten gehören auch Fresken mit griechischen Graffiti (vgl. Nr. 5 und Nr. 9). Ein weiteres Graffiti Gauckler, Nouv. arch. des Miss. scient. XV (1907), S. 422. Schulten (Arch. Anz. 1909, 200) betont die Notwendigkeit einer Zusammenstellung der bekannten griechischen Graffiti aus Afrika.

33. Umgebung von Tunes. — CIL VIII 17584.*

.. υρία ἀεὶ οὐδ[εὶς] ἀθάνατος ἐτ[ῶ]ν κζ´ χοιὰκ ΔΘZC

Mommsen vermutete 4. Choiak 269. Nach B. Keil ist zu lesen χοιὰκ < ΘZC, d. h. χοιὰκ des Jahres 269.

34. Henchir-Aouin (Tunesien). — Berger et Cagnat, C.-R. de l'Acad. 1898, S. 48.

Eine dreisprachige, lateinisch-griechisch-punische Inschrift eines Arztes (vgl. Nr. 1):

Q. Marci[us ...] | Protomac(h)us [medicus ...] | facta T. cos. M
Κουίνκτος Μάρκιο[ς Πρωτό]μαχος Ἡρακλείδο[υ ἰατρός]

und zwei Zeilen in punischer Sprache.

35. Utica. — CIL VIII 14330.

[Π]ρίμου .. [ἡμέρα]ς κ´

36. Gasr Mezuâr. — CIL VIII 14426.

κοινῷ θεῷ.

Vgl. Pantheo Augusto VIII 11162. 14690; Rev. Tun. 1899, S. 449.

37. Abthugni (Hr. Suar). — Gauckler, Bull. du Com. 1902, S. 533ff. = Arch. Anz. 1904, 130 = Haug, röm. Grabstein in Afrika, Berl. Phil. Woch. 1904, Nr. 23.

Εὐλόγι.

Unter einem Relief angebrachte Künstlersignatur mit dem lateinischen Genetiv des griechischen Namens Εὐλόγιος (vgl. Eulogius VIII 8648). Vgl. Nr. 11 und 49 (auch 10).

38. Aunobaris. — CIL VIII 1573 = 15567.
Bilingue Grabinschrift:
D. M. s. Marcidia Restituta p(ia) v(ixit) a(nno) XXVI h(ic) s(ita) e(st).
῾Ρεστιτοῦταν πολ[τιδ᾽ ἐμὴ]ν ἐπ[ὶ χ]θονὶ τῇδε θανοῦσαν
εἴκοσι καὶ ἑπταέτην ἀφανίζει δακρυοέσσα κόνις.

Ergänzung von Mommsen; Cagnat las auf dem Stein nach dem Namen: πολ . . . . ν. Als Ergänzung ziehe ich hier einen Ausdruck des Bedauerns vor, dem homerischen δακρυοέσσα κόνις entsprechend, und lese: ῾Ρεστιτοῦταν πολ[ύκλαυτο]ν. Vgl. Hom. ep. 3, 5; Aesch. Ag. 1507 u. a.

39. Thugga. — Carton, C.-R. de l'Acad. 1900, S. 47 ff.

Unter den Funden, die bei Cartons Freilegung des Theaters von Thugga gemacht sind, befindet sich eine noch nicht veröffentlichte griechiche Inschrift.

40. Thignica. — Mél. d'arch. et d'hist. t. XXVII.

Unter den zahlreichen in Thignica (Ain Tounga) gefundenen, von Carcopino veröffentlichten Inschriften befinden sich mehrere metrische Grabinschriften, darunter auch griechische.

41. Thignica. — Mél. d'Ec. de Rome 1906, S. 48, no. 31.
Bilingue Grabinschrift:
D. M. s. | M. Antonius Rufus Honorati fil(ius) Tr(omentina tribu) | Thig(nicae). Genius veritatis pius vixit an[nis . . .] | h(ic) s(itus) e(st), o(ssa) t(ibi) b(ene) q(uiescant), t(erra) t(ibi) l(evis) s(it) ᾽
οἵηπερ φύλλων γενέη τοίη [δὲ] κα[ὶ ἄνδρων].
Hom. Il. VI 146 (Vgl. Nr. 17).

42. Uthina. — C.-R. de l'Acad. 1898, S. 273 = Arch. Anz. 1899, 72 = Cagnat et Gauckler, monuments antiques I, S. 129 ff.

Aus der Nähe von Uthina (Udna) stammt eine noch unveröffentlichte, trilingue, lateinisch-griechisch-neupunische Inschrift.

PROVINCIA NUMIDIA.

43. Colonia Thuburnica. — C.-R. de l'Acad. 1907, S. 383; vgl. Arch. Anz. 1908, 226 f.

In Dr. Cartons Bericht über die Ausgrabungen in colonia Thuburnica werden eine große Zahl von neuen Grabsteinen erwähnt, mit den üblichen Zeichen des Saturn und mit lateinischen, griechischen und punischen Inschriften. Davon werden a. a. O. drei griechische Inschriften veröffentlicht:

a)   Ἀγήμων
b)   Πόλεως | εὐχὴ ἐ|πὶ Διφίλου | ἀρχάρχοντος (?)
c)   T. Σαλλούστιος.

44. Sidi Brahim bei Madaura. — CIL VIII 1686, lateinisch-griechische Grabinschrift, der Anfang des griechischen Teiles ist ein Hexameter.

D. [M]. Livius H[onoratus?] Q. [fil]. Dory[laus h. s. est, et] pos[t]ea A[pollonia Fl]ora Const[antini? fil(ia)], hic sita est. Ap[ollonia], Livius H[onoratus f(iliae)] b(ene) m(erenti) [f(ecit)]. ἐνθάδε τὴν ἱ[ερὰν] κεφαλὴν κατὰ γ[αῖα] καλύπτει. | εὐ[ψ]υ[χήσης ἐξ]άρας τῆς Ἀπολλ[ωνία]ς τὸν βίον | Ἀπολ[λωνίαν] γενομένην [γυναῖκα?] Νεικομήδεος .. | βιωσαμένην [βίον ἐπαί]νετον οὗ θεὸ[ς τέλος εἶναι?] ἠθέλησε[ν].

45. Sicca. — CIL VIII 1640 = 15876.

D. M. s. Π. Πίννιον Ἰοῦστον βουλευτὴν Ἀμαστριανόν, νομικὸν συνκάθεδρον Π. Οὐλπίου Ἀραβιανοῦ ἀνθυπ[άτου] Ἀφρικῆς, ζήσαντα ἔτη λξ, Νεικήφορος ὁ θρεπτός.

Der Titel νομικός συνκάθεδρος ἀνθυπάτου (proconsulis) Ἀφρικῆς entspricht dem ähnlichen von CIL VIII 2777: adsessor legati Numidiae. Der Inschrift fällt in die Zeit des Septimius Severus, vgl. Pros. Imp. Rom. III p. 459, no. 540; Pallu de Lessert, Fastes des prov. africaines I S. 244.

46. Sicca. — CIL VIII 15999. Grabinschrift:

Παρδαλᾶ[ς] | Εὐσέβει | βιώσαντι | ἔτεσι λ | συ[σ]κήνῳ καὶ | ἑταίρῳ τοῦ | παντὸς βίου.

σύσκηνος = contubernalis, das auf latein. Inschriften häufig ist.

47. Lambaesis. — CIL VIII 3464. Lateinische Inschrift mit fast wörtlicher griechischer Übersetzung auf der Rückseite.

D. M. s. | Aurelia | Verina vi|xit annis | XXI. | Aurelius | Alexander | coniugi piisi mae posuit.

XXI | Ἀουρή[λι]|ος Ἀλέξ[αν]δερ μν[η]|μεῖον τῇ συμβίῳ γλυ-|κυτάτῃ ἐποίησεν.

Bemerkenswert ist die griechische Übertragung Ἀλέξανδερ statt Ἀλέξανδρος nach dem lateinischen Alexander.

Numidia. 23

48. Lambaesis. — CIL VIII 4185 = 18213. Fragment einer Grabinschrift:

εὐψύχει | . . ευσμε . . | Ἀλύπη.

49. Lambaesis. — Arch. Anz. 1907, 173; Héron de Villefosse, procès-verb. mars 1906, no. 9. Signatur auf einem Mosaik:

Ἀσπασίου κη.

50. Theveste. — CIL VIII 22658, 31.
Auf einer großen Gemme mit dem Bilde einer tanzenden Frau:

Λουκίου.

51. Umgebung von Theveste. — CIL VIII 16745*.
Schlecht überliefert, mit griechischen und lateinischen Buchstaben, darunter bildliche Darstellungen zur Dekoration:

ISXYΔPIΔV = Ἰσχυδρίου.

52. Verecunda. — CIL VIII 4274.
Lateinische Grabinschrift, die letzte Zeile besteht aus Buchstaben, die nach persönlicher Mitteilung von E. Littmann wahrscheinlich phönikisch sind:

D. M. s. | Iapthmi | Alcimi fil(ius) | Masamon | vix(it) an(nis) LV | ΣΥΧΥCΕΡͶΜΜϞ.

53. Cuicul. — CIL VIII 10895 = 20140.
Ehreninschrift, fragmentarisch erhalten:

CAPPOVC . .
Ἀφρικαν . .
πατρ[ὶ] πα[τρίδος . .]
ιον [μ]νή[μ]η δι . .
ηονισευλορια.

Die Inschrift bezieht sich vielleicht auf einen der Gordiane, die aus Afrika stammten, vgl. bei Dessau, Inscr. Lat. sel. I, no. 493, eine Inschrift von Burdigalae, die jedoch aus Afrika stammt.

54. Rusicade. — CIL VIII p. 1897.
Fragment eines Grabsteines:

ƱIC CLV
Αἰγεαῖος
ναύκληρος
χ[α]ῖρε

In der ersten verdorbenen Zeile scheint ein Name gestanden zu haben.

24   IV. Die griechische Sprache in Kleinafrika.

55. Zwischen Cirta und Rusicade. — CIL VIII p. 186.
Grabdistichon in geschraubtem Stil; die Erde wird anscheinend angerufen, sie möge des Verstorbenen Überreste aufnehmen:

δέξο σύ, [π]αμμήτειρα . . . βήσας . . .
[ψύ]χη δ' άθαν[ά]των χῶρον ἔ[χει μ]α[κάρ]ω[ν].

56. Cirta. — CIL VIII p. 620a.
Griechische Grabinschrift mit einzelnen lateinischen Buchstaben:

Σωκράτους Εἰσιφίλου λείψανα θιαπαια
.. εννεα σπ ζησανος εζα πD . .
(latein. Buchstaben) . . . . . ο ἀδελφός Πται . . .
.. νοσήσας ἄτμοι . . σύ εὐψύχει .
Erg. ...λείψανα [δ]ιά[κεινται] | ἐν[θάδε], ξήσαν[τ]ος ἔ[τη] π.....

57. Cirta. — CIL VIII p. 620b*.
Fragment mit unsicherer Lesung:

Ἰασίδης
prius σ, Delamare E,
Clarac Σ, Renier S.

58. Cirta. — CIL VIII p. 620c.

. . . μνο[ν] | κ[η]ρονόμος
ενομεκσι
μιλινσκ
ερσμλιις
οσοανλς
νι . . οιος.

59. Cirta. — CIL VIII p. 620d.

OPCA E|YXHN.

Ὄρσα εὐχήν vgl. CISem. I 1 no. 354, S. 402.

60. Cirta. — CIL VIII 7152 = 19450. Inschrift mit zwei lateinischen Formeln (vgl. Sicca Nr. 45):

DI MA | Μεκιλία ΜΣ . . | σπω φιλοσό|φου γυ[ν]ὴ ἅ|παξ τεκοῦσα [εὐ]|τυχῶς κειμ[έ]νε . . AEIL . I | MANEIΛERA | ⟨PΛΠΕΤΟΝ | NH vixit | XXII.

61. Cirta. — CIL VIII 7358. Griechisch-lateinisches Fragment, vermutlich von einem Familiengrab:

οἶκος κοί[μ]ης
Fonteiorum

KOIMHC = κοίμης vgl. κοίμημα, κοίμησις zu κοιμάω?

62. Cirta. — CIL VIII 10480. Inschrift auf einem Trinkglase:

„λαβὲ τὴν | νεί|κην".

Eine ähnliche Glasvase aus Sardinien trägt die Inschrift:

„εἰσελθὼν λαβὲ τὴν νίκην".

Bull. dell' Inst. 1863, p. 213.

63. Cirta. — CIL VIII 7051. Ehreninschrift:

Π. Ἰούλιον [Γ]εμίνιον Μαρκ[ια]νόν, πρεσβευτ[ὴ]ν Σεβαστῶν ἀντι[στ]ράτηγον, ὕπατον, ἡ βουλὴ καὶ ὁ δῆμος Ἀδρ[αη]νῶν Πετρα[ί]ων, μητρο[πό]λεως τῆς Ἀραβίας, διὰ [Κλ]αυδίου Αἰνέου πρεσβε[υ]τοῦ, εὐεργετηθέντες ὑ[π᾽ αὐ]τοῦ ἀνέθεσ[αν] (auf der rechten Seite): *τόπος ἐδόθη ψηφίσματι βουλῆς.*

Vgl. Nr. 64.

64. Cirta. — CIL VIII 7052 = CIG 5366. Ehreninschrift:

Π. Ἰουλίῳ Γεμινίῳ Μαρκιανῷ, πρεσβευτῇ Σεβαστῶν, ἀντιστρατηγῷ, ὑπάτῳ, Ἀδραηνῶν πόλις ἡ τῆς Ἀραβίας, διὰ Δαμασέους Κοαίφου πρεσβευτὴ (sic) *Ἀδραηνῶν ἐπαρχείας Ἀραβίας.*

Translata ab urbe secundum voluntatem Marciani testamento significat(am). d(ecurionum) d(ecreto).

Die beiden Inschriften Nr. 63 und 64 sind aus dem Jahre 162 u. Chr. (vgl. Pros. Imp. Rom. II p. 194, no. 227). Franz (CIG III 5366) ediert hierzu weiter eine lateinische Inschrift, welche die Ämterlaufbahn des Marcianus noch genauer im einzelnen angibt. Die beiden Ehreninschriften sind dem Marcianus, der, vielleicht aus Cirta gebürtig, jedenfalls „[leg]. pro pr. provinc(iae) Africae" gewesen war (CIG III 5366 in der latein. Inschr.), bei Lebzeiten in Arabien errichtet und nach seinem Tode laut testamentarischer Bestimmung nach Afrika geschafft worden (Nr. 64).

MAURETANIA CAESARIENSIS.

65. Caesarea. — CIL VIII 9397. Fragment:

Ἀρτιας .. | δωδει .. | μοῖρα τισ .. | μητριδ .. | οὔνομα δ .. | γράπτοντα .. | καὶ χα[ρι ..

vielleicht ... | *γ[ὰ]ρ ἅπτοντα ...* | zu ergänzen.

66. Caesarea. — CIL VIII 9598. Fragment:

Λεηπαραμ | ρησαπτομε κατη.

67. Caesarea. — CIL VIII 21105. Bilingue Grabinschrift eines Augenarztes:

C. Terentiu[s Demo]'sthenes .. | medicus ocula[rius ...]
Γαῖος Τερέντιος Δη[μοσθέ]νης ἰατρός ὀφθαλ[μικός] | ἐνθάδε κεῖται βι[ώσας ἔτη] | ...

Vgl. Bull. du Com. 1892, S. 94, wo der Name ohne Rücksicht auf den Zwischenraum zu A]sthenes und 'Α[σθέ]νης ergänzt wird.

68. Caesarea. — CIL VIII 21439. Fragment einer griechischen Inschrift, die sich auf Juba oder Ptolemaeus von Mauretanien bezieht. Vgl. Nr. 71:

Βασιλε[ύς]
.. ον Καισ[αρι] ..
.. ιδι . ω ..

69. Caesarea. — CIL VIII 9596 = 21440. Fragment, vgl. Nr. 70:

.. Δμε ..
.. Καισαρει ..
.. σαηλ | πυγμ[ή].

Vgl. Nr. 70.

70. Caesarea. — CIL VIII 21441. Grabepigramm:

Μεσολσουλόσσων ὑπὸ μνήματι τῷδ[ε] κάτ[ε]ιμι
παγκράτιον νικήσας Λύγδαμος εἴκοσι πέντε ἐτέων.

Die beiden Inschriften Nr. 69 und 70 beziehen sich auf gymnische Spiele und stammen aus dem Ende des 2. Jahrhunderts unserer Zeitrechnung. Zur Zeit des Severus erhielten nämlich die Einwohner von Caesarea die Erlaubnis, nach griechischer Weise Wettspiele zu veranstalten (CIL VIII p. 1985). Es wurden zwei Agone gefeiert, einer zu Ehren des Severus (Severia, Σεουήρια), der andere zu Ehren des eben vergötterten Kommodus (Kommodia, Κομμόδεια). Fast zu derselben Zeit sind wohl in Karthago die Pythia und Asklepia zugelassen worden, wie sie aus einer Inschrift von Ostia (CIL XIV 474) bekannt sind. Vgl. Friedlaender, Sittengesch. II[8], S. 648f.; Tertull. Scorp. 6; ders., de pallio 4.

71. Caesarea. — CIL VIII 21442. Ein Fragment aus der Zeit des Ptolemaeus von Mauretanien, vgl. Nr. 68:

['Αμ]μώνιος
[Πτολ]εμαίου.

72. Caesarea. — CIL VIII 21443. Grabinschrift:
Θ[εοῖς] κ[αταχθονίοις].
Ἰουλιανῷ θρεπτῷ τειμίῳ
Καστρίκιος Φίλητος ἐποίησεν.

73. Caesarea. — CIL VIII 21444. Inschrift auf der Rückseite eines Steines, der die unter VIII 21338 veröffentlichte lateinische Inschrift von Ulpia Aniana trägt:
Χρυσομάλλος | Χρυσοστόμῳ τῷ | ἀδελφῷ.

74. Caesarea. — CIL VIII 21445. Grabepigramm:
Ἄρτι μενηπιάχοις τραυλίσμασι πατρὶ ποθ(ε)ινὰ
προσσαίρονθ᾽ ὁ πικρός ναυστολόγησ᾽ Ἀχέρων.
Λυγρὰ δ᾽ ἐμῷ γενέτᾳ πένθη λίπον, οὕνεκα παιδὸς
ἐψεύσθη, κλαίει δ᾽ οἰκτρὸν ἐμὸν βίοτον.
(5) Ἀντὶ δέ μοι θαλάμου τάφον ὤπασε, πάντα δὲ τἀμὰ
λαιψηρὸν φθιμένων πῦρ ἀπενοσφίσατο.
Ὦ μάκαρες θνητῶν ὅσοι οὐ γάμον οὐδὲ μέριμναν
ἔγνωτε σφαλερᾶς τεκνοτρόφοιο τύχας.
Zu ναυστολόγησ᾽ vgl. Kaibel, Herm. 19 (1884), S. 324.

75. Caesarea. — CIL VIII 21446. Fragment:
. . οδ . . | . . τει . .

MAURETANIA TINGITANA.

76. Volubilis. — CIL VIII 21900.
Αὐρ(ήλιος) Ἰανουάρι(ο)ς τῶν Σα[λ]έ[μ]ου
τῷ πάτρω[νι] . . . θεαν . . σε . .
Vgl. Nr. 77.

77. Volubilis. — CIL VIII 21901, vgl. Nr. 76:
Αὐρ(ήλιος) Ἰανουάριος τῶν Σα[λ]έμου | τῷ [πάτ]ρω[νι] . . . .

78—80. Volubilis. — CIL VIII 21902—21904. Drei unbedeutende griechische Inschriftfragmente.

C. DIE VERFLUCHUNGSTAFELN AUS KLEINAFRIKA.

Eine besondere Stellung unter den Inschriften nehmen die sogenannten Verfluchungstafeln ein. Sie bringen uns dem Gefühls- und Seelenleben der Bevölkerung näher und führen uns zugleich in die niederste Stufe der mystisch-religiösen Kultursphäre der römischen Kaiserzeit. Auf Bleitafeln oder aufrollbaren Bleistreifen, selten auf kostbarerem Metall oder Marmor, wurden lange Verwünschungen mit stereotypen Fluchformeln in schlechtester Vulgärsprache eingeritzt. Alle möglichen Götternamen, kabbalistische Zeichen und Buchstabenkombinationen wurden hinzugefügt oder andere Kunstgriffe angewendet, welche den Text möglichst geheimnisvoll gestalten sollten.[1])

Der Ursprung der Defixion ist, wenigstens für das Gebiet des Mittelmeeres, in Griechenland zu suchen, denn von dort stammen die ältesten und überhaupt die meisten Fluchtafeln. Auch waren schon früh bei den Griechen Gebets- und Fluchformeln bekannt, welchen bei wortgetreuer Deklamierung große Wirksamkeit zugeschrieben wurde[2]), und in deren Glauben selbst ein Philosoph wie Plato befangen war.[3]) Von Griechenland wird sich die Sitte der Defixionen zunächst nach Asien und Ägypten verbreitet haben[4]), um dann, mit hellenistisch-synkretistischer Weltanschauung durchtränkt, aus dem Orient zurückzufluten und bis in den römischen Westen zu dringen.[5]) Darum sind auch hier die Stätten, welche in der Kaiserzeit den Mittelpunkt des Weltverkehrs bildeten und die regsten Beziehungen zum griechischen Orient unterhielten, sowohl die unteritalischen Städte und Rom, wie an der kleinafrikanischen Küste Karthago und Hadrumetum, die reichsten Fundorte für derartige Fluchtafeln geworden.

Insbesondere scheint der kleinafrikanische Boden für deren Aufnahme günstige Bedingungen geboten zu haben. Denn die Anzahl der von Audollent in Nordwestafrika gesammelten Defixionen[6]) macht fast die Hälfte aller von ihm zusammengestellten Fluchinschriften aus, ohne daß die Sammlung als abgeschlossen gelten kann, da neue Funde noch weitere Tafeln ans Licht fördern.[7]) Die Erklärung zu dieser Erscheinung gibt uns die Eigenart der kleinafrikanischen Bevölkerung.

1) Über das Wesen der Fluchtafeln: R. Wünsch, praef. zu CIA Appendix (1897) = IG III 3 und Einl. zu A. Audollent, defixionum tabellae, quotquot innotuerunt tam in Graecis Orientis quam in totius Occidentis partibus praeter Atticas in CIA editas, Paris 1904, S. I—CXXVIII. (Das Werk wird hier mit D.T. zitiert werden.) Vgl. A. Schulten, Liter. Zentralbl. 56 (1905), 549—550; R.Wünsch, Berl. Phil. Woch. 1905, 1071—1082; Wünsch, Seth. Verfluchungstafeln S. 71 ff.

2) D. T. S. CXVII; Fustel de Coulanges, cité antique (19. A. 1905), S. 176 u. A. 4; Rohde, Psyche (1. A.) S. 34.

3) Plato, Resp. II 364 c; ders., Legg. XI 933 a. 4) D. T. S. CVIII.

5) Trotz der beiden phönikischen Bleitafeln (D. T. 213 u. 214), von welchen die eine (213) aus der Zeit vor der Zerstörung Karthagos stammen soll, ist an primäre orientalische Anregung nicht zu denken. Es ist anzunehmen, daß diese Defixion, wenn sie wirklich aus so früher Zeit stammt, nach dem Muster schon bekannter und importierter Fluchtafeln aus Attika oder dem übrigen Griechenland in die punische Landessprache übertragen worden ist.

6) D. T. no. 213—301. 303—305; im CIL sind nur wenige veröffentlicht.

7) Audollent, Mél. de l'Ec. de Rome 1905, S. 55 = Cagnat-Toutain, Inscr. Graecae ad res Romanas pertinentes, no. 952: eine griechisch abgefaßte Verwünschung eines Wagenlenkers Ἀρχέλαος, aus Hadrumetum.

Denn durch die tief eingewurzelte orientalisch-punische Religion vorbereitet, war der von Natur abergläubische Afrikaner für den hellenistischen Zauber recht empfänglich. In zweiter Linie bot der bereits vorhandene griechische Kultureinschlag besonders in den Städten die willkommenste Anknüpfung. Denn in griechischer Abfassung sind die Defixionen verbreitet worden, und diese Form haben sie im Westen vielfach beibehalten. Von unseren 92 afrikanischen Defixionen, die durchschnittlich aus dem 2. und 3. Jahrhundert n. Chr. stammen[1]), sind 20 völlig griechisch, 29 griechisch und lateinisch abgefaßt, 41 zwar lateinisch, aber vielfach mit einzelnen griechischen Buchstaben, Formeln oder Fremdwörtern wie „demon" vermengt. Dieses Nebeneinandergehen zweier Kulturen kommt ferner zum Ausdruck, wenn auf vielen dieser Defixionen lateinische Vokabeln und ganze Sätze in griechischer und umgekehrt griechische in lateinischer Schrift wiedergegeben werden.[2]) Die eigenartige Transkriptionsweise beruhte wohl auf dem Glauben, daß die Worte in der unnatürlich fremden Gestalt einen weit stärkeren Zauber auszuüben vermochten.[3])

Ihrem Inhalte nach lassen sich die Fluchinschriften Kleinafrikas in drei Hauptklassen einteilen.[4]) Sie richten sich 1. gegen Gegner in Prozessen, 2. gegen Nebenbuhler in der Liebe oder gegen den Gegenstand der Leidenschaft, welcher den Liebenden nicht erhören will, in der Art, wie sie uns aus der Literatur und den Zauberpapyri wohl bekannt sind, und 3. gegen Menschen und Pferde, die im Zirkus und Amphitheater als Konkurrenten um den Siegespreis oder um die Gunst des Publikums auftreten.

Die Sitte der Verfluchung bei Prozessen ist rein griechische Eigenart. Sie war in Attika üblich[5]) und kam dann auch in den hellenisierten Ländern des Orients vor.[6]) Im Westen, selbst in Rom[7]), ist kein Beispiel dieser Kategorie nachzuweisen. Karthago allein ist in verhältnismäßig starkem Maße damit vertreten (D.T. 216?. 217?. 218?. 219?. 220?. 221—226. 303), und zwar ist es kennzeichnend, daß

---

1) D. T. S. 288 und 361. 2) D. T. S. XLVI.
3) Vgl. Dieterich, ABC-Denkmäler, Rhein. Mus. 56 (1901), S. 99.
4) D. T. S. LXXXVIII f. — Eine vierte Kategorie, die sich gegen Diebe, Räuber und Verleumder richtet, häufig in Griechenland und Asien, ferner in Spanien und Britannien, ist, soweit bekannt, in Afrika nicht vertreten. Bei Audollent D. T. scheint ein Irrtum vorzuliegen, wenn er S. XC eine derartige Defixion unter no. 295 Karthago zuweist.
5) Wünsch, IG III 3 S. V col. 2.   6) D. T. S. XC ff.
7) Etwas Ähnliches muß allerdings in Rom vereinzelt vorgekommen sein: Cic. Brut. 60, 217.

diese Defixionen alle in der offiziellen Gerichtssprache des römischen Afrika abgefaßt sind, daß nur eine davon (D. T. 218) eine Umrahmung mit griechischen Buchstaben aufweist. Die Liebesflüche sind der allgemein menschlichen Natur entsprechend überall verbreitet. Es entfallen davon 15 auf Kleinafrika, 5 auf Karthago (D. T. 227—231). 227 ist lateinisch mit griechischen Buchstabenreihen, 228 und 229 lateinisch, 230 lateinisch mit griechisch geschriebenen Dämonennamen, 231 lateinisch, aber in griechischer Schrift abgefaßt.[1]) Auf Hadrumetum entfallen 9 Liebesdefixionen (264—271. 296. 304). Davon erscheinen 265 und 268 in lateinischer Fassung: 269. 270 und 304 lateinisch in griechischer Transkription, umgekehrt 264 und 266 griechisch in lateinischer Schrift, 271 griechisch mit zwei anscheinend nachgetragenen lateinischen Zeilen (Z. 1 und 5)[2]), endlich 267 und 269 rein griechisch. Auf Ammaedara entfällt schließlich die einzige von dort bisher bekannte Fluchtafel (299), eine griechisch abgefaßte Liebesdefixion aus dem Ende des 3. Jahrhunderts.

Den Hauptbestand der nordafrikanischen Verwünschungen lieferte das Treiben der Rennbahn und des Amphitheaters. Dazu gehören aus Karthago 14 Defixionen gegen Wagenlenker und deren Pferde (232 —245), 9 gegen Tierjäger und Tierbändiger (246—254). Von diesen sind 4 lateinisch abgefaßt (232 = CIL VIII 12506. 247. 251. 254), 7 lateinisch und griechisch (233 = CIL VIII 12504. 243. 244. 248—250. 253), rein griechisch weitaus die Mehrzahl (234—242, darunter drei bereits im CIL VIII veröffentlichte, 245. 246. 252). Auf Hadrumetum entfallen 24 derartiger Zirkusdefixionen (272—295), und zwar vorwiegend lateinische (272—284. 287—290) mit magischen Zeichen, worunter sich einzelne griechische Buchstaben finden. Nur 6 haben griechisch-lateinischen Text (286. 291—296), und eine ganz griechischen (285).[3])

Sind nun auch die Defixionen dieser letzten Kategorie vielfach griechisch gehalten, so gelten sie doch einer ganz römischen Instistution. Daher kommen sie auch bloß in den westlichen Teilen des römischen Reiches vor.[4]) Abgesehen von den zwei unsicheren und

---

1) Vgl. D. T. 252. 270.
2) Kommentar dazu: Deißmann, Bibelstudien S. 21 ff.; Blau, altjüd. Zauberwesen S. 96 ff.; Wünsch, Ant. Fluchtafeln (Lietzmanns kl. Texte Nr. 20) S. 21 ff.
3) Dazu kommt noch die S. 28 A. 7 erwähnte griechische Defixion des Wagenlenkers Archelaos. Weitere Defixionen Audollent, Bull. du Com. 1908, S. 1—22 u. S. 290 f.; vgl. Arch. Anz. 1909, 203 f.
4) Von Zirkusdefixionen spricht auch Hieron., Vita S. Hilarii 2 und 19; eine Liebesdefixion erwähnt er ebendort 21.

späten Fluchtafeln aus Apheka in Syrien[1]) sind solche außerdem nur noch aus Rom bekannt.[2]) Dabei ist aber für die Kulturbetrachtung des kleinafrikanischen Landes zu betonen, daß ihm die Originalität in derartigen Fluchtexten gebührt, da sie hier meist aus dem 2. und 3. Jahrhundert stammen, während die römischen von Wünsch erst in das ausgehende 4. Jahrhundert angesetzt sind.[3]) Es ist dies ein neuer Beweis dafür, daß den Defixionen in Kleinafrika für den Gedanken und die Form Muster vorlagen, welche nicht aus Italien, sondern unmittelbar aus Griechenland oder dem Orient gekommen sein müssen.

Nicht mehr ermittelbar ist der Zweck einer Reihe von Fluchtafeln, welche bloße Namen enthalten, wozu manchmal — mit interessanter auf Ägypten deutender Parallele — die Filiation von mütterlicher Seite hinzugefügt ist.[4]) Andere lassen sich nicht einreihen, weil ihr Text zu schlecht erhalten ist, als daß sich ein Sinn herauslesen ließe. Von solchen Defixionen sind 2 punisch abgefaßt (213. 214 Karthago), 7 lateinisch gehalten (258—262 Karthago, 263 Hadrumetum, 300 = CIL VIII 19595 Cirta, 301 Chullu), eine griechisch-lateinisch (297 Hadrumetum) und 4 griechisch (255—257 Karthago, 298 Hadrumetum).[5])

Am wichtigsten ist bei der Bewertung der Defixionen für die kleinafrikanische Kultur die Frage nach dem Verfasser. Sie ist um so schwieriger, als sich der Verfluchende nur selten nennt. Daß dieser nun mit dem Verfasser des Defixionstextes identisch ist, wird nicht immer zutreffen. Die formelhafte Abfassung und geheimnisvolle Ausstattung der Verwünschungen lassen eher vermuten, daß die meisten aus geübten Händen gewerbsmäßiger Zauberer stammten, welche durch die schon erwähnten Kunstgriffe den Text möglichst mystisch und für Nichteingeweihte unlesbar zu machen suchten. Mögen auch in späterer Zeit manche der Formeln und Worte von den Magiern gedankenlos aus ihren Vorlagen übernommen sein, so sind es doch im

---

1) D. T. 15. 16 und dazu S. XC f.
2) D. T. 159—187.
3) D. T. S. XCVIII; Wünsch, Seth. Verfluchungst. S. 53—63.
4) Daß dies ständiger Zauberbrauch ist, betont Wünsch, Seth. Verfluchungstafeln S. 64 und Heim, Incantamenta magica, Jahrb. f. Phil. Suppl. XIX S. 474; vgl. schon Wünsch, IG III 3 S. XXIII.
5) Hierzu eine weitere Bleiinschrift aus Cirta: Delattre, Rec. Soc. arch. de Constantine 1893, S. 170. In lateinischer Schrift gehalten, läßt sie nur einzelne lateinische und griechische Wörter erkennen:
    a) Dromyle trochile te lepihai meame dorsis gyfa des laqueos ut helidron helidron.
    b) Expeissimiz ex gyne deheanerizzisze ton logon.

allgemeinen kosmopolitische Juden und Griechen[1]) gewesen, die ihre hellenistisch-synkretistische Bildung dazu mißbrauchten, durch geheimnisvolle Unterstützung des Aberglaubens der untersten Bevölkerungsschichten ihr Geschäft zu machen. Trotzdem ist für Afrika der Gedanke nicht völlig abzuweisen, daß die Besteller kraft der bilinguen Kultur des Landes imstande waren, die griechisch gehaltenen oder transkribierten Defixionen noch mit Verständnis zu lesen und zu kontrollieren.

Die Fluchtafeln belehren auch für Kleinafrika über eine Unterströmung des Hellenismus und über das, was die kleinen Leute vom späten griechischen Glauben annahmen. Während die besseren Gesellschaftskreise sich noch zur griechischen Philosophie erhoben, sank ein Teil der niederen Volksschichten zum abergläubischen Verkehr mit Höllengeistern und Zauberfratzen herab. Die Stärke dieses Aberglaubens in Kleinafrika zeigt auch Apuleius' Apologie. Sollte man es für möglich halten, daß sogar Leute aus gebildeten Kreisen der einheimischen Bevölkerung dem Apuleius derartige Zaubereien vorwerfen konnten? Noch bezeichnender ist es, daß ein derartiger Prozeß allen Ernstes vor einem römischen Gerichte geführt worden ist.[2]) Mögen nun diese Anklagen, welche damals gegen alle atheistisch gesinnten Philosophen gerichtet wurden[3]), begründet gewesen sein oder nicht, so waren doch auch dem Apuleius Zauberformeln und Zauberbücher nicht unbekannt.[4]) Die Häufung von Formeln, magischen Zeichen und Dämonennamen und ihre Zusammensetzung aus ägyptischen, babylonischen, jüdischen, griechischen und römischen Elementen spiegeln getreuer als viele andere Zeugnisse den Synkretismus der sinkenden Heidenzeit und des aufkommenden Christentums wider.[5]) Doch tiefer führt uns noch in dieses Gebiet das folgende Kapitel.

D. DIE AMULETTINSCHRIFTEN.

Mit den Defixionen berühren sich in den Zauberformeln und -namen auch die Zaubertexte auf Ringen, Gemmen und Edelsteinen, welche besonders in den nachchristlichen Jahrhunderten als Amulette

---

1) Vgl. Wendland, Hellenistisch-römische Kultur S. 108.
2) Abt, die Apol. des Apuleius S. 261 (Dieterich-Wünsch, religionsgeschichtl. Versuche und Vorarb. IV [1908], H. 2, S. 335).
3) Apulcius, Apol. 27 (36 Kr); Lukian, Alex. 25, II 233 R; ders., Icar. 6, II 757 R; 31, II 787 R; P. Vallette, l'apologie d'Apulée (1908), S. 26; Cumont, die orient Rel. im röm. Heidentum, deutsch von Gehrich (1910), S. 222.
4) Apuleius, Apol. 45 (56 Kr); 90 (100f. Kr.); ders., Metam. I 10; III 17; IX 29; Abt a. a. O. S. 334 [260]; vgl. CIL VIII 2756 v. 13 ff.
5) Wendland, Hellenistisch-römische Kultur (1907), S. 108; Geffken, Aus der Werdezeit des Christentums (ANuG.), 1904, S. 127.

und Talismane im Osten und Westen des römischen Kaiserreiches recht verbreitet waren.[1]) Schon früh hatte der Aberglaube derartigen Steinen eine schützende Wirkung zugeschrieben, und es gab darüber Lehrbücher in der orphischen Literatur.[2]) Ursprünglich wohl ägyptisch, sind aus ihnen die hellenistisch-jüdischen und aus diesen wiederum die christlichen Amulette hervorgegangen.[3]) Sie tragen durchweg auf einer Seite symbolische bildliche Darstellungen, auf der anderen gewöhnlich vertieft eingegrabene Buchstaben, Namen oder unverständliche Legenden, in welchen ägyptisch-syrische, hebräische oder griechische Wortstämme stecken.[4])

Sie sind wie die Defixionstexte und die ägyptischen Zauberpapyri ein Denkmal der Auswüchse des Aberglaubens und der religiösen Spekulation. In ihnen kommt die mystische Richtung zum Ausdruck, welche im orientalisch-ägyptischen Sternenglauben ihren Ursprung hatte[5]) und durch den Hellenismus, der das orientalische Wesen aufs neue entfesselt hat, mit rein griechischen Theorien der pythagoreischen und stoischen Kosmologie verschmolz.[6]) Durch die weitgehendsten phantastischen Identifizierungen, Etymologien und Allegorien entstand ein Glaubensgewirr, welches in der Folgezeit die üppigsten Blüten geheimnisvoller Namen- und Buchstabensymbolik zeitigte. Der mystische Offenbarungskultus der Gnosis, welcher daraus hervorging, fand zumal in den für solches Unwesen empfänglichen ersten nachchristlichen Jahrhunderten willkommenen Boden. Er gewann in gebildeten Kreisen wie in niederen Volksschichten in entsprechender Weise seine gläubigen Anhänger und führte zu mannigfachen Einzelrichtungen und Sekten.[7])

Für die kleinafrikanischen Funde kommen nur diejenigen Talismane in Betracht, welche bereits mit christlichen Elementen in

---

1) Dieterich, Abraxas (1901), S. 151; vgl. Blau, altjüd. Zauberwesen S. 86.
2) Eine Schrift über die Kräfte der Steine lief im 2. Jahrhundert unter dem Namen des Damigeron um, inhaltlich sich mit dem von Plinius benutzten Zoroaster berührend. Die ursprüngliche griechische Version kannte bereits Apuleius (Apol. 45 p. 56 und 90 p. 100 f.). Reste einer Versifizierung sind in den Orphika (Abel, S. 109 ff.) etwa aus dem 4. Jahrhundert erhalten. Dasselbe Thema begegnet später noch häufig in der Zauberliteratur: Wellmann, PW IV 2055 ff.; Abt a. a. O. S. 319 [245].
3) Reitzenstein, Poimandres (1904), S. 18 u. 19 A. 2; 303 und A. 3.
4) Reinach, épigr. grecque S. 462; Dieterich, ABC-Denkmäler, Rhein. Mus. 56 (1901), S. 89—91.
5) Kroll, N. Jahrb. f kl. Phil. VII (1901), S. 559—561; Dieterich, Abraxas S. 43.
6) Reitzenstein, Zwei religionsgeschichtl. Fragen S. 73.
7) Lichtenhau, Realenz. f. prot. Theol. u. K. (3. A.) XV, S. 404 ff.; Geffken, Aus d. Werdezeit d. Christentums S. 122—131.

34   IV. Die griechische Sprache in Kleinafrika.

Berührung gekommen sind und unter dem Namen gnostische Amulette oder Abraxasgemmen zusammengefaßt werden.¹) Wie bereits betont ist, beruhen sie auf dem hellenistisch-jüdischen Synkretismus, welcher den orientalisch-ägyptischen Zauber durch Verschmelzung mit griechischer Philosophie erst in feste Formeln gebracht hatte.²) Mit diesem Gepräge in griechischer Sprache ist seitdem auch derartige Zauberliteratur im wesentlichen verknüpft geblieben, darum tragen auch die aus Kleinafrika vorliegenden Gemmen durchweg griechische Zeichen. Sie bringen die mystisch wirkungskräftigen Götternamen der Gnostiker Ἀβρασάξ und Ἰαώ³), oder die symbolische Vokalreihe des griechischen Heptachords⁴) α ε η ι ο υ ω in einfacher Folge oder in allegorisch spielenden Permutationen und Kombinationen.⁵) Alle diese, dazu noch mit symbolischen Zahlenwerten in Verbindung gebrachten Buchstaben- und Namenspielereien⁶), wofür sich gerade die Doppelnatur der griechischen Zeichen als Buchstabe und Zahl vorteilhaft eignete, werden mit den anderen Formeln und sinnlosen Zusammenstellungen seit Wessely⁷) als Ἐφέσια γράμματα zusammengefaßt. Diese allgemein gewordene Gesamtbezeichnung⁸) war im Altertum auf bestimmte, lange Zeit bekannte, von Ägyptern und Griechen entlehnte Vokabeln beschränkt.⁹) Mit der Zeit gerieten die Bedeutungen in Vergessenheit¹⁰), und es blieb allein der Gedanke, daß den unverständlich gewordenen Ausdrücken eine Zauberkraft innewohnen müsse. Nach

---

1) Ich verweise für das Einzelne auf die bekannteste neuere Literatur: Dieterich, Abraxas (1901); ders., ABC-Denkmäler, Rhein. Mus. 56 (1901), S. 90 ff.; Reitzenstein, Zwei rel. Fragen (1901), S. 47 ff.; ders., Poimandres (1904) und insbes. Beig. II u. III; Daremberg-Saglio, Dict. des Antiqu. I, Abraxas; Rieß, PW I 109—110.

2) Dieterich, Abraxas S. 155 A. 1.

3) Dieterich, Abraxas S. 22; Daremberg-Saglio a. a. O; Rieß a. a. O.; Drexler, Realenz. f. prot. Theol. u. K. (3. A.) I, S. 113 ff.

4) Dieterich, Abraxas S. 157; Reitzenstein, Zwei rel. Fr. S. 62 ff.; ders., Poimandres S. 272; Kroll a. a. O.

5) Vgl. Dieterich, Abraxas S. 185 u. öfters; Reitzenstein, Poimandres S. 265 f.; Wünsch, Seth. Verfluchungst. S. 77 ff.

6) Neben der angef. Lit. besonders noch Schultz, Ἐφέσια und Δελφικὰ γράμματα, Philol. 68 (1909), S. 222 ff.

7) Wessely, 12. Jahresber. d. Frz.-Jos. Gymnasiums zu Wien 1885/6; Kuhnert, PW V 2771—2773; Wünsch, Seth. Verfluchungst. S. 80 f.

8) Ἐφέσια γράμματα mit den meisten Gewährsmännern (Phot. s. v. ἐφέσια ἀλεξιφάρμακα; Suid. s. v. Ἀφρικανός u. a.) eher von ἐφίημι abzuleiten als von Ἔφεσος (Eustath. in Od. I 247 p. 1864, 12). Vgl. Wünsch, Flucht. S. 84 = Rhein. Mus. 55 (1900); Schultz a. a. O. S. 210 A. 1; R. Heim, Jahrb. f. Phil. Suppl. XIX (1892), S. 525 ff.

9) Audollent, D. T. S. LXIX; Hesych s. v. Ἐφ. γρ.

10) Lukian, Menip. 9; Plut., de superst. 3.

Amulettinschriften. 35

ihrem Muster enstanden aus reiner Freude am Fremdartigen und Unaussprechlichen neue Begriffe, in welche ähnliche Bedeutungen hineingeheimnißt wurden.

DIE AMULETTINSCHRIFTEN.

1. Sufes. — CIL VIII 260 = 11424*. Auf einem rohen, 1,60 m langen und 0,52 m hohen Stein stehen teilweise verstümmelt:

    HIOYω

    angeblich aus der byzantinischen Zeit (6. Jahrhundert), vielleicht der Rest einer gnostischen Vokalreihe.

2. Karthago. — CIL VIII 22658, 27. Auf einer Gemme unter dem Bilde der Mondgöttin:

    Γ A Ā
       Θ

3. Karthago. — CIL VIII 22658, 32. Auf einer Gemme, deren Rückseite das übliche Abraxasbild trägt, eine Figur mit Hahnenkopf, mit Schild und Geißel in der Hand. Auf der Vorderseite steht der Name

    IAω

    vgl. Monceaux, Rev. arch. 1903 II S. 83 no. 42.

4. Karthago. — CIL VIII 22658, 33 = Monceaux, Rev. arch. 1903 II S. 82 no. 41.

    IAIAW = ('Ιαῶ)
    — ANOV | CONKPON | ΓHWPAPXD | XPIИAΓW | PEHC

    Gnostisches Amulett; auf der einen Seite das Bild einer nach rechts gewendeten Sirene, darunter die erste Inschrift. Auf der Rückseite die zweite 5 zeilige Inschrift, die nicht zu entziffern ist.

5. Karthago. — CIL VIII 22658, 34 = Monceaux, Rev. arch. 1903 II S. 83 no. 43.

    ΛBL | ABPAC
    (wohl = Λ3I umgekehrt für 'Ιαῶ | Ἀβρασ[άξ]
    — ⱢAωCΛBΛ3 | ABPΛCΛ3
    (= 'Ιαῶ Σαβά[ω] Ἀβρασάξ)

    Gnostische Formel auf einem Achat; zu beiden Seiten je eine der Inschriften.

6. Karthago. — Arch. Anz. 1909, 215 f. Abraxasgemme, darauf ein phantastisches Wesen mit dem Namen 'Ιαώ, unter der Figur Ἀδωνέα, auf der Rückseite eine längere kabbalistische Formel.

3*

36 IV. Die griechische Sprache in Kleinafrika.

7. Karthago. — CIL VIII 22 658,36 = Monc., Rev. arch. 1903 II S. 84 no. 45.

UIΓΘΜΕΝ | ΧΙ ΝΙ | ΛΜb · ѠΝ

Amulett mit dreizeiliger kabbalistischer Inschrift aus lateinischen und griechischen Buchstaben. Auf der Rückseite ist ein Skorpion eingraviert.

8. Karthago. — Monc., Rev. arch. 1903 II S. 83 no. 4; Perdrizet, Rev. des ét. grecques XVI (1903) S. 48 no. 3.

Bronzeamulett vom Typus der sogenannten Salomonssiegel (Blau, altjüd. Zauberwesen, S. 38; Perdrizet, Rev. des ét. grecques XVI (1903) S. 43 ff.; Reitzenstein, Poimandres Beig. III S. 295 u. A. 1); es trägt auf beiden Seiten bildliche Darstellungen und ringsherum je eine der Inschriften:

+ $\Phi ε \tilde{v} γ ε \; \mu ε μ ι σ[η] μ έ ν[η] \; δ ι ώ κ(ε) ι \; σ ὲ \; ὁ \; ἄ γ γ ε λ ο ς \text{"}Α ρ[χ α φ]$ od. $Ἀρ[αχήμ]$¹) —
+ $Σ φ ρ α γ ὶ ς \; Σ ο λ ο μ ο ῦ ν ο ς, \; β ο ή θ(ε) ι \; Ἰ ω ά ν ν ο υ.$

Das Amulett scheint schon später christlicher Zeit anzugehören, es ist interessant als Vorbild der Sisinnioszauber (Reitzenstein a. a. O. S. 299). Dieser Heilige verfolgt dort die $Βασκανία$, ursprünglich Lilith (Reitzenstein a. a. O. S. 297 u. A. 2; Pradel, Dieterich-Wünsch, religionsgesch. Versuche u. Vorarb. III (1907), S. 377.)²)

9. Karthago (?). — Vassel, Rev. Tun. 1907, S. 547.

H I A
H A Ѡ
Ѡ Υ Ѡ

Gnostischer Talisman, etwa aus dem 2. Jahrhundert, einen kleinen Käfer darstellend, darunter ein Oval mit den neun regelmäßig angeordneten griechischen Vokalen.

10. Karthago. — Delattre, Bull. du Com. 1903, c.-r. mars, S. XVI. Die Gemme trägt die Darstellung des Gottes mit Hahnenkopf und Schlangenbeinen. Darunter ΙΑѠ, ringsherum ϹΕΜΕϹΙΛΑΜΨ. Auf der Rückseite:

XIOO
XXXXO
VICPѠ
BOAXO (?)
CHΞZA
KOB
ΙΛ (?)

---

1) Vgl. Reitzenstein, Poimandres S. 298.
2) Später Mode in Abessynien; eine Arbeit eines Schülers von Prof. Littmann steht in Aussicht.

11. Tunes. — CIL VIII 22658, 35. Gnostische Gemme:
    ЄKЄNXOYXAEW | OXYXHⲱXⲱ
12. Tunes. — Rev. Tun. 1906, S. 551 (Renault).
    ἄλλη μνή[σει]
    Σαρα|ποδ|ώρα
    Ein grünlich-brauner Jaspisstein von elliptischer Form; auf der einen Seite das Bild des ägyptischen Gottes Anubis, vor ihm auf einer kleinen Stele ἄλλη μνή[σει]; auf der Rückseite steht die zweite Inschrift.
13. Thydrus (El-Djem). — Monceaux, Rev. arch. 1903 II S. 242 no. 72; Arch. Anz. 1901, 72 aus Gauckler, Bull. du Com. 1900 S. 108 no. 49.
    ЄHIO | HIOVⲰ | HIOVⲰAЄ |
    IOVⲰAЄH | [O]VⲰAЄHI | OVAЄHIO . . .
    Gnostische Gemme, deren Vorderseite einen nackten, gekrönten Menschen darstellt; er wendet sich nach links. Mit der Rechten unterstützt er einen Windhund, der auf den Hinterbeinen steht. Rechts ist eine Schlange sichtbar. Auf der Rückseite steht die sechszeilige Inschrift, bestehend aus den verschiedensten Kombinationen der 7 griechischen Vokale.
14. Mahedia. — CIL VIII 10485, 5 = bessere Lesung: Monceaux, Rev. arch. 1903 II S. 242 no. 78.
    Auf einem Sardonyx als Amulett steht die dreizeilige, wohl christliche Inschrift:
    Τὸ προσκύ|νημα · Σωτ|ὴρ οὗτος,
    oder Τ. π. Σωτηροῦτος als Genetiv von Σωτηρῶς zu lesen.

3. CHRISTLICH-BYZANTINISCHE PERIODE.

Die Fluchinschriften und mehr noch das Amulettwesen haben uns über die Glaubensvorstellungen der kleinafrikanischen Volkskreise belehrt. Damit ist erwiesen, daß auch hier mystischer Synkretismus und enthusiastische Offenbarungsströmungen ihre Blüten getrieben haben, wobei stark griechischer Einschlag mit orientalischen Einflüssen vermengt zur Geltung kommt. Wir sehen, daß auch in diesem Lande die Sehnsucht nach Richtlinien und Formeln für persönliches Denken und Fühlen Platz greift. Auch hier wird eine Stimmung vorbereitet, aus der heraus die erlösende Wirkung und begeisterte Aufnahme einer Religion sich erklärt, welche einem unbewußten Streben und Drängen der individuellen Persönlichkeit entgegenkam. Darum

IV. Die griechische Sprache in Kleinafrika.

läßt sich diese Bewegung als neuer wichtiger Faktor für die günstigen Bedingungen ansprechen, die zu einer frühen Entwicklung der christlichen Lehre in Kleinafrika geführt haben. Auch hierin ist. die Rolle des griechischen Kultureinflusses nicht zu unterschätzen.[1]

Es ist bereits betont worden, daß unter den Christen in Kleinafrika zunächst das Griechische vorherrschte. Das hat auch seinen Niederschlag in den Inschriften dieser Zeit gefunden, indem neben zahlreichen lateinischen die griechischen in einer für die westlichen Länder auffallend großen Menge auftreten.[2] Bis jetzt können auch hier die Sammlungen nicht abgeschlossen werden, da neue Funde immer wieder christliche Inschriften zu Tage fördern, unter welchen hier und da auch griechische sich finden. Die bis 1903 bekannten hat P. Monceaux in seiner „Enquête sur l'épigraphie chrétienne d'Afrique" im ersten Abschnitt[3] zusammengestellt. Nach seiner Ansicht sind die meisten griechischen christlichen Inschriften aus der byzantinischen Zeit[4]), keine einzige gehe über die Vandalenzeit zurück. Aber es ist doch anzunehmen, daß gerade aus der frühchristlichen Zeit auch griechische Texte stammen. Vorzüglich können die Grabinschriften wenigstens teilweise in frühe Zeit gesetzt werden, so vor allem diejenigen aus den Katakomben Hadrumetums, während dann erst in der byzantinischen Periode, als das Griechische offizielles Verwaltungsorgan wurde, Baudedikationen, Siegel, Bleie und Gewichte hinzutreten. Eine durchgreifende Trennung läßt sich jedoch bei der Unmöglichkeit, die meisten dieser Inschriften genau zu datieren, nicht durchführen.[5]

Bevor ich zur Charakterisierung der bei Monceaux gesammelten 119 Inschriften übergehe — von denen die sieben bereits unter den Amulettinschriften betrachteten (no. 41—45, 77 und 78) auszuschließen sind — füge ich als Ergänzung einige weitere Inschriften hinzu.[6]

---

1) Wendland, Hellenistisch-römische Kultur (1907), S. 108; siehe S. 32 unten; Deißmann, Licht von Osten (1908) S. 204 f.

2) Monceaux, Rev. arch. 1903 II S. 64.

3) Monceaux, Rev. arch. 1903 II S. 64—90 und 240—256: „Les inscriptions grecques chrétiennes". Die im Folgenden zitierten arabischen Zahlen beziehen sich auf die Nummern bei Monceaux.

4) A. a. O. S. 65.

5) Eine einzige Grabinschrift aus Sitifis (112) deutet durch ihren germanischen Namen Φριδερίχ darauf hin, daß sie für einen Vandalen bestimmt ist und aus der Zeit nach 429 stammt.

6) Sie werden nach ihren römischen Nummern zitiert werden.

Christliche Inschriften. 39

I. Karthago. — Rev. Tun. 1906, S. 236.
.. IPHN ..
[ἐν ε]ἰρήν[ῃ] = in pace.

II. Karthago. — Delattre, Rev. Tun. 1907, S. 411 no. 26. Auf der Rückseite einer Marmortafel mit christlicher lateinischer Inschrift stand eine griechische. Von den ausgekratzten Buchstaben ist zu erkennen:

.. ος πιστός
[ἐν εἰρ]ήνῃ ἐνθά-
δε κῖτε[1])

III. Karthago. — Delattre, Rev. Tun. 1908, S. 357 no. 290. Bilingue Inschrift auf Vorder- und Rückseite.

Pelag ... | in pa[ce]
.. θάνατος | ... ραφε

IIIa. Karthago. — Arch. Anz. 1909, 199 = Nouv. arch. des Miss. scient. XV (1907), S. 34. Byzantinisches Relief mit zwei sich gegenüberstehenden Pfauen und der Inschrift:

Εὐπραξιάνι συναύτη | εὐφροσύνην τὰς κοσμοίτας | τὸν δετὸν σέπτον τοῦ δόμου.

IIIb. Karthago. — Delattre, C.-R. de l'Acad. 1908, S. 61, D.

ἐνθάδε κεῖτε ...
χρόνον γαλά ...
ἐνιαυτὸν καὶ ...
λη

IV. Chusira (prov. Byzac.) — CIL VIII 700*. Bilingue Inschrift aus der Zeit Justinians. Die erste Zeile ist griechisch, darunter folgten lateinische.

καὶ ἐπάρχου τῆς Ἀφρικῆς Σολομ[ῶ]νος
. . . . [Just]ini[anus] ...

V. Hadrumetum. — Leynaud, Bull. de la Soc. arch. de Sousse 1905, S. 230 = 1906, S. 78. Grabinschrift aus den Katakomben.

Ταῖς, [εἰ]ρή[νῃ]
ἐν Θεῷ

VI. Hadrumetum. — Leynaud, Bull. de la Soc. arch. de Sousse 1905, S. 24 = S. 229 = 1906, S. 85. Auf einem marmornen Sarkophag eines jungen Kindes mit Rötel gemalt:

Θεοδώρα | ἐνθάδε | κοιμᾶτε

---

1) κῖτε = κεῖται; ι = ει und η Blaß, Ausspr. d. Griech. (3. A) S. 57 ff. und 133; ε = αι E. Blant, épigr. chrét. en Gaule et dans l'Afrique romaine (Paris 1890) I S. 10 pl. I. Vgl. schon S. 18 zu Nr. 21.

VII. Hippo Regius. — CIL VIII 22646 = Bull. du Com. 1903. Auf einem anscheinend ägyptischen Tongefäße, auf welchem das Haupt eines Äthiopen dargestellt ist:

Εὐλ]ογία τοῦ ἁγίου M(η)νᾶ

Der heilige Mena (*Μηνᾶς*), ein Soldat in Ägypten, wurde unter Diokletian zum Märtyrer in Cetaeum (Phrygien). Sein Kultus war im Orient verbreitet, von dort kam er wohl, wie auch sonst die Verehrung fremder Heiliger, nach Kleinafrika.[1]

VIII. Thubursicum Numidarum. — Arch. Anz. 1908, 237. Auf spätrömischem oder byzantinischem Mosaik befindet sich das Porträt einer Frau mit der Beischrift:

Εὐφρώνησις.

IX. Cartenna (Maur. Caes.) — CIL VIII 9695. Auf dem Sockel einer kleinen weißen Marmorstatuette, von der nur noch die Beine übrig geblieben sind:

ΙΑΣΟΥΣ

Ἰασοῦς zu *Ἰασώ*.

X. Tiaret (Maur. Caes.) — CIL VIII 21542* (= 9738).

. . *ιτβαξκ[ω]α* . . . *ρ | Σολ[όμ]ων στρ[α]τηγός*

Fragment aus der Zeit, als Salomon oberster Befehlshaber in Afrika war, etwa 524 oder 539.

Die Verteilung auf die einzelnen Städte und Provinzen Kleinafrikas ist ziemlich ungleichmäßig. Auf Karthago, die Zentrale der afrikanischen Kirche, fällt der Hauptanteil (1—40, 46—74, I—III). Aus der]provincia Tripolitana stammt nur eine (75 Oea), aus der Byzacena und der Proconsularis 14 (76 Macomades, 79 Leptis Minor, IV Chusira, 80—83, V—VI Hadrumetum, 84 Kairouan, 85 Sufes, 86 Hippo Diarrhytus, 87 Bulla Regia, 88 Sicca Veneria), aus Numidien 25 (VII Hippo Regius, VIII Thubursicum Num., 89 Theveste, 90 Thagora, 91 Madaura, 92 Tipasa, 93 Thabraca, 94—110 Cirta, 111 Rusicade), aus Mauretania Sitifensis 2 (112 Sitifis, 113 Sitifis/Batna), aus Mauretania Caesariensis schließlich 8 (114 Tipasa, 115 Tipasa/Caesarea, 116 und 117 Caesarea, IX Cartenna, 118, 119, X Tiaret).

Wie das Material, das zu den Inschriften verwendet ist, in recht verschiedenartiger Weise aus Stein, Marmor, Mosaik, Schiefer, Ton, Elfenbein, Kupfer, Bronze und Blei besteht, so mannigfach ist auch

---

[1] G. B. de Rossi, Bulletino di arch. Crist. 7 (1869), S. 31 f.

ihr Inhalt. Recht zahlreich sind die Grabinschriften, von denen jedenfalls manche früher christlicher Zeit angehören können. Die meisten hat wiederum Karthago aufzuweisen: 46—61[1]), 63*, 65, 66—69, 73, I, II und IIIb; 62*, 64 und 74 haben ein Chrisma[2]); 74 ist bestimmt in byzantinische Zeit zu setzen. 70 weist die lateinische Schlußformel [vixit] an(n)os .. auf, 71, 72 und III sind Fragmente bilinguer Inschriften. Dazu kommen des weiteren: Oea 75, bestimmt aus byzantinischer Zeit. — Leptis Minor 79. — Kairouan 84*, auf der Rückseite des Steins steht eine lateinische Grabinschrift mit griechischem ω, auf beiden Seiten steht das griechische Kreuz. — Hadrumetum V und VI. — Sicca Veneria 88, en irene. — Tipasa 92, mit Chrisma. — Thabraca 93, mit Chrisma. — Cirta 94, Grabinschrift einer Byzantierin, 95 σέρβους Κριστῦ. — Sitifis 112, Grabinschrift eines Vandalen. — Tipasa 114*, Fragment einer byzantinischen Inschrift. — Caesarea 116, Βείκτωρ = Victor.

Von Inschriften auf Monumenten weist Karthago nur zwei auf: 2 und 3, Marmorfragmente einer Kanzel; Sitifis eine auf dem Marmorkissen über einer Säule (113). Eine ähnliche Inschrift steht auf dem Sockel einer Marmorstatuette aus Cartenna (IX). Ein Mosaik von Thubursicum Num. (X) trägt unter einem Porträt den Namen Εὐφρώνησις, ein Relief von Karthago eine längere Inschrift (IIIa). Dazu kommen mehrere byzantinische Bauinschriften: Chusira: IV, zweisprachig, ebenso Bulla Regia: 87 (aus d. J. 539) und Madaura: 91, zwesprachige Inschrift aus derselben Zeit. Auf Architraven kommen folgende Inschriften vor: Sufes: 85 (aus der Zeit Justinians), Thagora: 90 (aus derselben Periode), Macomades: 76, bilingue metrische Bauinschrift auf einer Tafel (aus der Zeit Justins II., 565/78). Zwei weitere Bauinschriften befinden sich in Tiaret: VIII und die zweisprachige Inschrift 119. Eine Bauplatzmarke[3]) von Tiaret ist auf Stein erhalten: 118. Auf einem Weihbecken zu Karthago (1) befindet sich ein Bibelzitat aus Jes. XII 3. Eine andere griechische Inschrift

---

1) Dabei sind noch einige weniger bedeutende Fragmente unberücksichtigt geblieben: CIL VIII 13635. 14087. 14091. 14096. 14268. 14269; Delattre, Rec. de Constantine XXVII (1892) S. 52 f.

2) Bei griechischen Inschriften sind die Monogramme Christi recht selten vgl. 64. 74. 92. 93.

3) Die Inschriften 118 und 119 stammen von den „Djedars", den etwa im 6. oder 7. Jahrhundert erbauten Grabstätten einheimischer Fürsten. Nach alter Sitte wurden sie wie Steinhügel errichtet. Diese Fürsten waren meist von Byzanz unabhängig, aber zu ihren Bauten zogen sie fremde Handwerker und Architekten heran, welche der lateinischen und griechischen Sprache mächtig waren. Gsell, Algérie II, S. 420 und 426.

tragen die Fragmente einer zylindrischen Vase aus Karthago (4). Ein Tongefäß von Hippo Regius (VII) zeigt auf einer Seite die Akklamation Εὐλογία το‍ῦ ἁγίου Μ(η)νᾶ.

Sehr stark vertreten ist eine weitere Art griechischer Inschriften der byzantinischen Zeit, und zwar auf Bleistücken mit Abbildungen, Monogrammen, Akklamationen, Eigennamen im Nominativ oder Genetiv, zu denen mitunter auch Titel treten. Diese Bleistücke waren nach Dumont[1]) in der Mehrzahl Privatsiegel. Sie tragen einfache sowie monogrammatische Inschriften, recht häufig abgekürzte Namen, welche die Entzifferung erschweren. Hier kommt das für Byzanz typische Interesse für religiöse Ikonographie in mancherlei Darstellungen von Kreuzen, Engeln und Schutzpatronen zum Ausdruck.[2]) Derartige Siegel sind im byzantinischen Reiche recht gebräuchlich gewesen, sowohl bei hohen Militärs, bei Beamten und dem Klerus, als auch bei Privaten.[3]) Sie waren meist auf beiden Seiten beschrieben und hatten die herkömmlichen Legenden:

1. κύριε oder Θεότοκε βοήθει τῷ δεῖνι oder τῷ σῷ δούλῳ; in Cirta fand sich auch Ἰ(ησοῦς) Χ(ριστός) und Μ(ήτηρ) Θ(εοῦ),
2. den Namen und zuweilen den Stand des Besitzers, meist im Genetiv, von einem zu ergänzenden σφραγίς abhängig, sonst im Nominativ,
3. Monogramme und Abkürzungen.

In Kleinafrika werden diese Siegel unter den Einheimischen wenig Verbreitung gefunden haben, die meisten sind als fremder Import anzusehen. Die größte Anzahl ist in Karthago und Cirta gefunden worden. Von den karthagischen Siegeln (7—34) ist eines zweisprachig (20), indem es auf einer Seite den Namen Σε|ργίου, auf der Rückseite Se|rgi‍us aufweist. Ähnlich bietet 21 Σ|τέ|φα|νο|ς und auf der Rückseite im kreuzförmigen Monogramm S(e)rg(ius)(?).[4]) Auf Hadrumetum entfallen die Siegel 80—82, auf Cirta 96—110, auf Rusicade 111 und auf Caesarea 117. Auf einer vergoldeten Silberschale, die zwischen Tipasa und Caesarea gefunden wurde (115), befinden sich vier mit Abbildungen und Namen versehene Stempelabdrücke. Sie enthalten vermutlich die Namen der aufeinander folgenden Besitzer. Drei Abdrücke befinden sich auf der Unterseite des Kunstgegenstandes, der vierte ist am Stiele angebracht.

---

1) Διακριτικὰ ἐπίσημα; Reinach, épigr. grecque S. 466.
2) Schlumberger, sigillographie de l'Empire byzantin S. 4 und 14 ff.
3) Reinach, a. a. O. S. 468.
4) Weitere Bleisiegel bei Monceaux, Rev. Tun. 1909, S. 252 ff. no. 1—12, teils lateinisch, teils griechisch und zweisprachig.

Eine andere Kategorie berührt sich mit den Amulettinschriften. Sie trägt jedoch völlig christliche Akklamationen. Dazu gehört ein in Karthago gefundener elliptischer Stein, der im Relief das Bild eines Fisches gibt und darüber die akrostichische Inschrift ΙΧΘΥC = 'Ι(ησοῦς) Χ(ριστοῦ) Θ(εοῦ) υ(ἱὸς) Σ(ωτήρ) trägt (5).[1]) Es ist möglich, daß der Stein auch als Siegel gedient hat. Ein ähnliches Symbol derselben Herkunft stellt ein 55 mm langes Elfenbeinplättchen in Fischform vor und trägt die Buchstaben ΙΧ, wohl 'Ι(ησοῦς) Χ(ριστός) oder besser ΙΧ[ΘΥΣ]. Viele Plättchen ähnlicher Art sind in den Katakomben Roms gefunden worden.

Schließlich sind auch die Gewichte der byzantinischen Zeit zu beachten. Mit einem Kreuz gezeichnet, tragen sie gewöhnlich statt einer Inschrift nur Buchstaben und Zahlen als Wertangabe.[2]) Häufig ist das metrologische Zeichen Γ oder Γ̅ = ὀγ(κία), uncia.[3]) Als Gewichtszahl kommt für die Zahl 6, wie sonst öfters bei Jahresangaben, sogar auf lateinischen Inschriften, das griechische ϛ vor.[4])

Von den besprochenen Inschriften sind die meisten rein griechisch, einige zweisprachig. Meistens sind die bilinguen der byzantinischen Periode in der Weise abgefaßt, daß sie aus zwei gleichmäßigen Teilen desselben Inhaltes bestehen. Und wenn bei der römischen Kaiserzeit zu betonen war, daß der Text der bilinguen Titel in der offiziellen lateinischen Sprache dem griechischen voranging, ist das Verhältnis jetzt umgekehrt. Die zweisprachigen christlichen Inschriften verteilen sich folgendermaßen: Karthago 70, mit lateinischer Altersangabe; Kairouan 84; Chusira IV; Macomades 76, metrische Baudedikation; Bulla Regia 87 (aus d. J. 539); Madaura 91; Tiaret 119. Aus Sicca (83) ist eine griechische Formel in lateinischer Schrift bekannt: in irene = ἐν εἰρήνῃ[5]); umgekehrt aus Cirta (95) eine lateinische Wendung in griechischer Schrift: σέρβους Κριστ[ῦ] = servus Christi.[6]) Es ist dies eine Erscheinung, wie sie auch vereinzelt auf Inschriften der römischen Kaiserzeit vorgekommen ist.[7])

---

1) Vgl. Usener, die Sintflutsagen, religionsgesch. Unters. III (1899), S. 228; S. Reinach, Cultes, mythes et religions III (1908), S. 44 ff.; F. J. Dölger, 'Ιχθύς, Röm. Quartalschrift 23 (1909), S. 1 ff., besonders S. 52 ff.
2) Karthago 35—40, Hadrumetum 83, Hippo Diarrhytus 86, Theveste 89. Andere Gewichte der Art CIL VIII 22655.
3) Hultsch, metrolog. script. I p. VI; II p. 206.
4) CIL VIII 22655, 9. 13. 21.
5) „In pace et irene" auf jüdischer Inschrift VIII 1091 = 14230 Karthago.
6) Vgl. 116 Βείκτωρ = Victor.
7) Vgl. S. 16 Nr. 3.

Von den Siegeln aus Karthago haben zwei, 15 und 16, gemischt lateinische und griechische Buchstaben, zwei andere, 20 und 21, tragen auf einer Seite griechische, auf der Rückseite lateinische Legende.

Das griechische Element im Christentum äußert sich auch in den Monogrammen Christi, wie sie gleichmäßig in der abendländischen und morgenländischen Kirche seit dem 4. Jahrhundert in offiziellen Gebrauch gekommen sind. Der Namenszug des Erlösers ist gewöhnlich aus den beiden ersten Buchstaben des griechischen XPICTOC zusammengesetzt. Es drückt, wenn es grammatisch unverbunden zu Anfang, in der Mitte oder am Ende von Inschriften formelhaft oder dekorativ vorkommt, das Bekenntnis zu Christus aus und ist das deutlichste Erkennungszeichen der christlichen Inschriften. Das erste Monogramm ☧ wird seit Konstantin öffentlich verwendet, eine Ligatur, die bereits auf Münzen des griechischen Altertums vorkommt. Später erleidet das Monogramm verschiedene Umformungen, bis an dessen Stelle das einfache griechische oder lateinische Kreuz tritt.[1]) Seltener ist die Ligatur aus $I(ησοῦς)$ $X(ριστός)$.

Im griechischen und lateinischen Sprachgebrauch werden öfters zu dem Monogramm die griechischen Buchstaben A und Ω oder A und ω als Sinnbild des Anfangs und Endes hinzugefügt. Ebenso treten symbolische Darstellungen hinzu, ein Fisch, zwei Tauben oder ein Palmzweig.

Auch in grammatischer Verbindung kommt das Monogramm als Abkürzung des Wortes Christus vor. Auf kleinafrikanischen Inschriften begegnet oft griechisches X für das Ch im Namen Christus sowie seinen Ableitungen.[2]) Charakteristisch dafür ist VIII 1156 aus Karthago: [re]ceptus a ☧ ω (= a Christo) in pace vi[xit]; VIII 5488 (Calama): in XPO fidelis und ähnlich 5492 (Calama). Dasselbe erscheint noch auf einer späten Inschrift von Thubursicum (VIII 1434) aus den Jahren 565/578: $\overset{P}{A|ω}$ salvis dominis nostris Xristianissimis.

Ebenso wird vielfach der Buchstabe D durch griechisches Δ wiedergegeben. Vereinzelt auf mauretanischen Inschriften der Heidenzeit (21582 ff.), nimmt diese Erscheinung auf christlichen überhand (57 = 11106. 11414. 11643 ff. 14902. 17445. 18742; δ in einer Inschrift 19671). In entsprechender Weise scheint auf christlichen Steinen das griechische ϛ als Zahlzeichen für VI zur allgemeinen Regel geworden zu sein. Es steht regelmäßig auch dort, wo Δ statt

---

1) Kraus, Realenz. II 244 ff.; Realenz. für prot. Theol. u. K.[3] XIII 367 ff.
2) Vgl. CIL VIII Index S. 1108.

D auftritt (11085. 57 = 11106. 11646 ff. 13965. 14046. 14225. 14252. 17445. 19671). Fraglich bleibt es, ob das in christlichen noch häufiger als in heidnischen Inschriften vorkommende b statt v[1]) eine Lautveränderung ist, welche zum guten Teil durch die Kenntnis des Griechischen unterstützt wurde, da dort lateinisches v meist mit β transkribiert werden mußte. Bei Eigennamen ließe sich annehmen, daß ein Name wie Victor von den Griechen als $Bίκτωρ$ übernommen wurde und unter Beibehaltung des griechischen Konsonanten ins Lateinische zurückkam.[2]) Wenn dies feststände, dann ließe sich umgekehrt ein Rückschluß auf die nachhaltige Bedeutung der griechischen Sprache machen.

---

1) Bictor ($Βείκτωρ$) = Victor no. 116; bixit = vixit u. a.
2) Anders erklärt bei Seelmann, S. 233 ff.